曾仕强 著

胡雪岩的人生智慧

中华工商联合出版社

图书在版编目（CIP）数据

胡雪岩的人生智慧 / 曾仕强著 . -- 北京 ：中华工
商联合出版社，2022.7
　　ISBN 978-7-5158-3409-2

　　Ⅰ . ①胡⋯　　Ⅱ . ①曾⋯　　Ⅲ . ①胡雪岩（1823-1885）
—人生哲学—通俗读物　　Ⅳ . ① K825.38-49

中国版本图书馆 CIP 数据核字（2022）第 062610 号

胡雪岩的人生智慧

作　　者	曾仕强
出 品 人	李　梁
责任编辑	吴建新
装帧设计	介　桑
责任审读	李　征
责任印制	迈致红
出版发行	中华工商联合出版社有限责任公司
印　　刷	天津文林印务有限公司
版　　次	2022 年 7 月第 1 版
印　　次	2023 年 7 月第 2 次印刷
开　　本	787 毫米 ×1092 毫米　　1/16
字　　数	174 千字
印　　张	16.5
书　　号	ISBN 978-7-5158-3409-2
定　　价	68.00 元

服务热线： 010-58301130-0（前台）
销售热线： 010-58302977（网店部）
　　　　　　010-58302166（门店部）
　　　　　　010-58302837（馆配部、新媒体部）　　工商联版图书
　　　　　　010-58302813（团购部）　　　　　　版权所有　盗版必究
地址邮编： 北京市西城区西环广场 A 座
　　　　　　19-20 层，100044
http://www.chgslcbs.cn
投稿热线： 010-58302907（总编室）　　　　凡本社图书出现印装质量问题，
投稿邮箱： 1621239583@qq.com　　　　　　请与印务部联系。
　　　　　　　　　　　　　　　　　　　　　联系电话：010-58302915

目录 /CONTENTS

壹
心中有父母，凡事有制衡

捌

立德业，才是不朽基业

心中有父母，凡事有制衡

家风正，则源头正

🔹 一个人小时候的成长环境和家庭教育，对他一生都会有十分深刻的影响。

胡雪岩是中国近代的一位传奇人物，他是晚清第一首富，被后人尊称为"商圣"。在中国，能得到"圣人"的美誉，那是非常不简单的事情。

胡雪岩的一生可谓跌宕起伏。他出身贫寒，放过牛，当过杂货铺的学徒，还当过钱庄的账房先生，却在涉足经商之路后，在短短十几年的时间里白手起家，迅速积累了巨额财富，成为当时家财万贯的巨商富贾，人称"胡财神"；他替清朝政府向外国银行贷款，帮助左宗棠筹备军饷，收复新疆，慈禧太后赐他黄袍马褂，官封极品，被人们称为"红顶商人"；他奉母命建起一座胡庆余堂，真不二价，童叟无欺，瘟疫流行的时候还向百姓施药施粥，被人们称为"胡大善人"。然而，富贵荣华享受不尽的胡雪岩，又在短短三年的时间内家业尽毁，仅仅62岁就在愤恨中郁郁而终。

如今，100多年过去了，关于胡雪岩的传奇故事，还在民间流传。人们为什么还记得胡雪岩？因为他创办的胡庆余堂还在，因为他修建的大宅子还在，更因为他传奇的一生给我们留下了许许多多的思考。胡雪岩的人生经历，为我们提供了很多可以引以为鉴的经验教训，值得我们花时间来仔细地了解并加以研究。

我们要追溯胡雪岩成功的根源，就要从他的家庭开始说起。

中华文明，是世界四大古文明中唯一传承至今的。几千年来，中华文明都是以家庭为背景，以代代相传的方式传承下来的。所以，在中国传统文化中，家风是非常重要的。

我们非常清楚，中国人的小孩出去闯荡，是代表这一家人的。所以，我在外时就会时时刻刻记着，我是曾家的人，我不能丢曾家的脸。不管走到哪里，都是一样。只要每个家庭都健全，整个社会就健全；只要每个家庭都健全，整个国家就健全。齐家治国就是这么来的。无论如何，每一个人都要先把自己的家庭管理好。

在一个中国人的文化意识里，家庭所占的位置非常重要。所以，我们非常注重家庭的氛围，注重家风，注重家风的传承。但是，在现代社会中，家庭观念渐渐淡薄，家风似乎也被人们遗忘了。

那么，到底什么叫作家风？家风用现在的话来讲，叫作软实力。可见，中国人对于看不见的东西格外重视。家风就是一个家庭、一个家族不断传承下来的那种很难用语言说得清楚的东西，是一种风气。

看一个人如何，首先看他的家风。我们要研究胡雪岩，也一定要知道，他一生的良好基础，是在家庭里面培育出来的。一个人小时候的成长环境和家庭教育，对他一生都会有十分深刻的影响。所以，孩子在外面说错话，做错事，我们不会骂他，我们只骂他的父母。孩子是谁教的？父母教的，我们不能把责任都推给老师，老师的出现是在孩子六岁以后，而且老师所教的也只是知识而已。学校是负责知识的，家庭是负责道德的。

那胡雪岩出生在一个怎样的家庭呢？他的父母都给了他怎样的影响呢？

安徽徽州绩溪胡里村山光明媚，水色秀丽，一条登源河从东向西绕村而过，这里历史上文风鼎盛，出了很多名人，可谓人杰地灵。1823年，胡雪岩在这里出生，他本名光墉，字雪岩。胡家人丁兴旺，胡雪岩一共有五个兄弟，他在家中排行老三。胡雪岩的父亲叫胡鹿泉，字芝田，是一个读过书的乡村名士。家里有几亩薄田，自耕自足，除此之外，父亲还辛苦做一些小生意养家糊口，一家人的生活勉强可以维持。

胡家有一条家训：读书做生意都可以，但是不能为官。所以，胡雪岩的父亲没有走读书求官的道路，同样也不希望胡雪岩当官。我们不去评判这种家训是好是坏，因为家风是一个家庭或一个家族的风气，每个家庭或家族的家风都多多少少有点儿不一样。大家有没有注意到，我说这句话的时候，刻意避开"一样"或"不一样"，只说"多多少少有点儿不一样"，这是关键。因为现在的人，要么就说一样，要么就说不一样，其实，这都是不存在的。你要求每个家庭都一样，是做不到的，也是没必要的；你说每个家庭都不一样，那又根本不可能，因为大部分家庭都是一样的。所以，家风是大同小异的，而且同的地方比较多，不同的地方比较少。每一个家庭根据各自特殊的状况，做出一些调整，就成了每个家庭独有的家风。这是非常自然的现象。

胡家对于子孙的要求非常严格，不仅要求孩子们读书明理，还要求孩子们在人格德行上有所修养。在家庭的熏陶和父亲的严格要求下，胡雪岩读书的时候非常认真，对于老师所讲的道理，他如果有听不懂的，回家一定会请教父亲。有人可能会想，胡雪岩家境不富裕，既然父亲有文化，自己教他就好了，为什么还要花钱读私塾呢？我们要知道，教育子女讲究易子而教，自己的孩子，你再有本事也很难教得好，这是老天爷很公平的地方。胡雪岩的父亲也知道这个道理，所以再穷也要送他到别人家去读书。

胡雪岩在私塾很听老师的话，也很认真地学习，所以老师经常在父母面前夸这个幼小懂事的孩子。于是，父亲给他起了个幼名叫作"顺官"，就是既顺又很乖的意思。胡雪岩的家庭经济状况并不好，父亲的生意做得很小，尤其是胡雪岩的两个弟弟出生以后，由于需要喂养年幼的弟弟，胡家的生活愈加拮据。在这种情况下，胡雪岩在八岁的时候就去给人家放牛了。由此可见，年少的胡雪岩是多么体贴父母，俗话说"穷人的孩子早当家"，也正是如此。

胡雪岩从小就知道父母养家不容易，也看得到家里的经济状况，但是他没有像别的小孩子那样，讨厌自己的家庭，憎恨自己的父母没有能力，反而很看得开，而且还体贴父母，经常帮助父母做事情。乡里乡亲都很喜欢这个孩子，经常赞扬胡雪岩，说他是个懂事孝顺的孩子。

我研究中华文化几十年，发现家庭教育必须要抓得很紧，非常严谨，一丝不苟，绝对没有什么好商量的。只有这样，良好的家风才会传下来。我们常说，儿孙自有儿孙福。可我们又把这句话曲解了，"儿孙自有儿孙福"是指什么？指儿孙将来要做什么，那是他的事，你不要去干预他。但是儿孙"福"不"福"，你要替他奠定良好的基础。只要我们有心去做，就永远是充满希望的。

正是因为胡家有着良好的家风，胡雪岩在很小的时候就养成了良好的品行。

有一天，胡雪岩在野外放牛，碰到很多小伙伴，于是他就把牛拴好，跟伙伴们一起玩了起来。其中有一个小孩子，一不小心掉进了山沟，其他的孩子一看情况不对，都吓得跑回了家。只有胡雪岩沉着冷静，他慢慢摸索着下去，把那个孩子拉了上来，然后扶上牛背送回家去。当时，所有的邻里都赞扬他，说他机灵、勇敢，又有好心肠。

看了这一段故事，我们应该想到一句老话，叫作"三岁看大，七岁看老"。我们看一个人，三岁的时候，大概就能够看出他长大以后是什么样子；到了七岁的时候，就可以想象他老了以后是什么德行。

胡雪岩小小年纪就懂得承担起家庭的责任，正是因为重伦常是中国家风的一个特色。伦理是大家都有的，可伦常可以说是中华民族所特有的。为什么？因为我们自古以来，就非常重视"人之所以为人"的基本道理。西方人一直认为人就是动物的一种，他们有一门学问就叫人类学，研究了半天，得出的结论是：人就是动物的一种，不要把自己抬得太高，否则就是"人类沙文主义"。

可是，我们和西方人的看法不同。我们自古以来就认为，人固然是动物的一种，但是，人应该扮演一种超越所有动物的、可以照顾所有动物的、不一样的角色。所以，我们会有天人合一的理念，我们会有天、地、人三才。这些说法是西方人不容易接受的。他们会认为你把自己的身份提得太高了，太高估自己了。但是，孟子、孔子、老子等古代圣贤，都曾致力于加强人的责任。

关于"三才"，我们这里可以多说两句。三才指天、地、人，语出《易经·说卦传》，原文是："是以立天之道，曰阴与阳；立地之道，曰柔与刚；立人之道，曰仁与义。兼三才而两之，故易六画而成卦；分阴分阳，迭用柔刚，故易六位而成章。"

《易经》三画卦上面是天，下面是地，两个合起来是自然，当中一画是人位。天有阴阳，人有阴阳，地也有阴阳，这样一来，三画卦就变成了六画卦。天跟地是一体的，中国人说天就包括地在内，所以天、地、人三才后来就变成了"天人合一"。因为天地是不可分的，有天就必定有地，有地就必定有天，后来干脆就叫天人合一。天发挥它的特性，地发挥它的特性，人则顶天立地，把天地的特性整合起来，使得宇宙越来越进化，这是人的责任。人跟动物不一样。动物是依照本能行事，它没有责任。人却不能完全依照本能行事，人必须要有责任。

家风正，则源头正。中国人经常很自豪地告诉别人，这是我们家的传家宝。传家宝是什么？一些人可能会回答是宝物，稀世珍宝之类的，可是，类似那样的宝物是比不上家风的。我们也常常听到人说，这是我们家的宝贝。宝贝是什么？多半是指很可爱的孩子，那确实是宝贝，但是也不如家风。家风在中国社会，是至关重要的传家宝。一个家庭如果一阵子好，一阵子坏，还要家风干什么？

　　家风很不容易形成，所以一旦形成，我们就要让它长长久久。这方面，也可以让我们了悟，为什么在世界上所有的古文明里，只有中华文明可以绵延不绝，这是跟家风有着密切关系的。所以，我们一定要树立好的家风，并且让它一代一代传承下去。

父母言传身教，孩子受益终生

先做一个好人，打好品行的基础，再来学习其他技能。这样所学到的东西才不会被乱用，才不会被用来危害社会，使父母蒙羞。

父母教养最大的责任是要把子女培养成万物之灵的人。虽然才能是做事的本领，但品德才是做人的基础，通过好好做事来把人做好，才是人生的真正目的。父母教养子女，必须衡量轻重本末，以培养品德为优先，确立"德本才末"的信念，辅助子女愉快地把人做好。品德良好，才能越大越受人欢迎。品德欠佳，则会越大就越危险。所以，做人的品德修养，应该列为必修课，每个人都必须遵循一定的标准，没有人可以例外。

人的品德并非生来就圆满，必须妥善教导，才能改善原来的缺陷。而且品德的培养必须趁早为之，子女越大越不容易培养，因为做人的基础已经不稳固。而胡雪岩最幸运的，就是良好的成长环境和父母的教育，这为他以后的道路奠定了坚实的基础。

胡家的长子胡光鉴出生以后，父亲胡鹿泉在生意上遭到很大的挫折，而次子胡光鼎的夭折，更是让胡鹿泉伤心欲绝。胡雪岩之后又有胡光培、胡光椿两个弟弟，这使得胡家的家境更加穷困。在一连串的打击和生活重压之下，胡鹿泉的身体每况愈下。在这样艰苦的条件下，胡雪岩在放牛的同时，还不忘无微不至地照顾父亲。于是，幼小的他，身上无形之中背负了很多东西，但这些他都懂得该如何去承受和应对。不管从哪一方面来讲，胡雪岩都是一个懂事、孝顺的孩子。在遭受一连串的打击和生计的压力后，胡雪岩的父亲在他12岁的时候去世了。父亲临终的时候，把胡雪岩叫到床边，嘱咐他说："欲兴吾家，其惟顺儿乎！"他这是告诉胡雪岩：你要好好做人，好好做事，我们胡家就靠你了。

父亲去世以后，生活的重担一下子压到了胡雪岩母亲一个人的肩上。在那个时代，一个寡妇抚养照顾好几个孩子，生活的艰难是可想而知的。但是，胡雪岩的母亲——金太夫人是一个很了不起的女性。在胡雪岩的成长时期，金太夫人对胡雪岩的影响是非同小可的，可以说，没有金太夫人，就没有胡雪岩。金老太太一路陪着胡雪岩走到最后，她活得比胡雪岩还要久。

胡雪岩的母亲在当时是毫无地位的，甚至在胡家的祠堂里面，连他们家的资料都没有。但是我们从后人有意无意留存下来的胡雪岩的故事里面，可以找到一个很明显的脉络，在这当中，他的母亲金老太太一直扮演着很重要的角色。在这样的一个单亲家庭，一个没有读过什么书的寡妇，竟然把儿子教育得如此出色，我们不得不佩服胡雪岩的母亲，而这也正是中国母亲了不起的地方。

中国的母亲怎么教育孩子？其实就是按照一般做人做事的基本道理去教导而已。金老太太没有教胡雪岩弹钢琴，也没有教他学美术，她给胡雪岩的就是一个健全的人格，这正是胡雪岩成功的基础。胡雪岩的母亲从小就跟他讲，到私塾里面要听老师的话，不要吵闹；替人家放牛，要好好看管，不要只顾着自己玩儿；出去当学徒，要听老板的话，要把老板交代的事情做好……胡雪岩从小就是在这样朴素的耳提面命下，慢慢成长起来的。

我们说每个子女都是独立的个体，有自己独立的人格，有自己人生的选择。既然生为自己的子女，做父母的就要好好地教导他，好好地塑造他，把子女引上正道，教子女好好做人，好好做事。也许他将来不一定能报答父母的恩惠，却一定要能有益于社会人群。

父母可以要求子女热诚。因为全世界不管什么地方，你热诚对待别人，别人才会热诚待你。你看不起别人，别人一定看不起你。父母可以要求子女勤俭，因为谁也不能保证一辈子都富有，一夜之间便一贫如洗的事情太多了。父母可以要求子女努力工作，但是卖力绝不卖命。命只有一条，怎么能为工作而卖？中国人的性命，要用在国家民族生死存亡的时候。这些父母都可以要求，因为对子女一辈子都管用。

父母还可以告诉子女：要注重健康，身体是自己的本钱；要远离毒品，这不是好玩的事情；要关怀亲友，才能得到大家的帮忙；要包容别人，因为每个人都有缺点；要与人协作，单打独斗很难成事；要奉公守法，不能做违背法律的事情……

这些道理，到什么时候也不会错。父母时时刻刻都要提醒子女：规规矩矩做人，并且要实实在在做人。父母应该抓住这些共同守则，教子女打好基础，使子女站稳脚跟，其余的发展，可以依据子女的个性差异，将其教养成为独一无二的人。我们把亲子关系首先界定在品德方面，就是出于这个原因。

那知识的事情就不重要了？当然不是。德本才末并不是不重视才能的发展，而是把品德修养当成基础。每个人都会面临两个大的染缸，一个是家庭，一个是学校，二者对人的成长都至关重要，分别负责渲染品德方面和知识方面。父母在子女入学之前，为子女打好做人的基础，培养一个品德优秀、习惯良好的孩子，然后让老师去教他知识和技能，这样才对。

先做一个好人，打好品行的基础，再来学习其他技能。这样所学到的东西才不会被乱用，才不会被用来危害社会，使父母蒙羞。现代的父母过于重视知识，急于要求子女早日学到很多知识和技能，甚至因为追求知识而影响到生活，实在是本末倒置，不知轻重。

除了言传之外，胡雪岩的母亲也十分注重身教。

虽然肩上的担子非常重，但是金老太太从来没有在胡雪岩面前抱怨丈夫早早离世，使得孤儿寡母无人照顾。现在的单亲家庭很多，不少父母整天在孩子面前抱怨另外一半，这样的父母本身心理就不健全。同样是单亲家庭，胡雪岩的母亲把他教育得这么好，这是值得我们重视的。

胡雪岩的母亲从小就教导胡雪岩在私塾要好好读书，就连胡雪岩给别人放牛的时候，胡母也不忘教育儿子要看管好牛，不要贪玩。母亲态度温和，语气委婉，胡雪岩每次都虚心接受，并且每次都能受到老师和别人的赞扬。面对表扬，胡母提醒儿子不要自大骄傲，并以

"满招损，谦受益"之言相告。

另外，母亲跟左邻右舍也都相处融洽。因为金老太太是一个非常善良的人，无论何时都与人为善。如果有人身陷困境之中，她一定会伸出援手。只要有能够帮到别人的地方，她一定会尽量去做，而且从来不要求什么回报。一个人要包容别人对自己的态度，不能事事计较，不能老要求别人。

金老太太的这些行为，在潜移默化中对胡雪岩产生着影响，让他耳濡目染，学到了很多为人处世的道理：要有一颗宽容和包容的心，要有坚韧不拔和吃苦耐劳的精神，要以诚待人、与人为善。这些足够胡雪岩受用一生。

观察胡雪岩的一生，我们似乎很少看到他在为自己做什么，看到的都是他在为别人做事。

在他早年帮助王有龄时，王有龄只是一个落难的官家子弟，他却一而再、再而三地帮助王有龄，直至王有龄一步步走上浙江巡抚的位置，而胡雪岩的事业也随之逐渐壮大。

在与左宗棠初次打交道时，他以诚感人，真诚地帮助左宗棠，由本来可能被左宗棠杀掉的人变为其信任的人，以后的日子里，暗中辅助左宗棠收复新疆，而胡雪岩也被封为一品大人，金老太太被封为诰命夫人，到达事业与荣誉的顶峰。

同样，在与做蚕丝生意的同行商人打交道时，他置同行是冤家的传统观念于不顾，想方设法地帮助他人打开购置和销售的渠道，最终获得双赢。

在与市民打交道时，他广泛施药，建胡庆余堂，为平民百姓服务，被杭州百姓尊称为胡大先生，这为他资产的积累建立了广泛的群众基础。

母亲对他的教导和影响，一直是胡雪岩以后人生中的重要法宝，这些优良的品质为胡雪岩的一生奠定了基石。直到胡雪岩最后经商成功，并成为红顶商人，都离不开母亲的教导。

身教重于言教，这是大家都耳熟能详的道理。什么叫作身教？就是以身作则，给子女树立好的榜样。如果父母只和子女空谈理论、讨论原则，却不配合实际的行动，恐怕很难收到效果。父母告诉子女不要睡懒觉，自己却蒙头大睡，日上三竿还不起床，那么即使父母费尽口舌，大概也不能使子女信服。如果希望子女用心读书，就需要父母先示范喜爱读书，自己每天晚上读书给子女看，子女才会觉得读书实在是一件美妙的事情，自然而然就会效仿。

子女的学习生涯从模仿开始，而最早模仿的对象便是父母。父母的言行是子女耳濡目染的对象，一举一动、一言一行都必须谨慎。

凡是不希望子女学的做的，父母都不要做，以免孩子看惯了父母的做法来模仿。比如看见爸爸抽烟，孩子就开始偷偷拿一支，趁爸爸没有看到的时候也学着试一试。妈妈上街看到心仪的衣服马上就买，下次孩子看到喜欢的玩具，怎么会不死缠烂打地要呢？虽然这些父母都没有要教子女的意思，但是子女无意中都学习到了。

当然，以身作则教养子女，并不是要求父母去做圣人。能够做好的就以身作则，实在做不好的也要跟孩子说明白，最起码也应该以身为例。比如母亲可以对子女说："爸爸就是刚刚参加工作的时候，没能管住自己，养成了抽烟的坏习惯。他一直想戒烟，可是真的是很难戒。我们要一起鼓励和监督他，帮他尽快把烟戒掉。"母亲的不良习惯，同样由父亲委婉地向子女解释。由另外一方来解释，是为了避免使子女认为父母在寻找理由为自己辩解，更有利于子女接受意见。

心中有父母，孝为德之本

> 中华文化是情的文化，我们最重视的是你心中有我，我心中有你。只要父母心中有子女，子女心中有父母，孝敬和慈爱都会是自然而然的事情。

中华文化，源于《易》，而成于孝。孝为德之本。中国人被人家认识的第一点就是孝道。孝道是每一个中国人应该要谨慎遵守的，因为别人会以此为切入点来了解你。什么叫作孝顺？就是孝了，你就顺了。

孝，是中国人考核一个人的第一个关卡，因为父母照顾子女是费尽苦心的。大家去看看，自然界中除了人类，很多动植物都没有父母的照顾。一颗果实从树上掉下去，落入泥土中，它就会慢慢长芽，逐渐长成一棵树，它的父母在哪里呢？不知道。一只鸟，它被孵出来以后，能动，能跑，进而能飞，它就可以独立生活了。一些动物都是生出来以后，自己就开始挣扎着生活了，而人最起码要得到父母10年的照顾，否则是很难生存的。你看，小孩一生下来，剪断脐带后，就哭了，这是一个崭新的生命。如果此时，他没有外在的抚养，他一定会死掉，因为此时的他没有办法自己独立生存。

那么，中华传统文化中的"孝"是做什么的？"孝"是用来修身的，"孝"是用来齐家的，"孝"是用来治国的，"孝"是用来平天下的，它是一种根本。怎么能不是根本呢？你看，"孝"是治理公司的本，大家听起来就觉得很奇怪，怎么会这样呢？很简单嘛，你要用个人，其实这个人跟你说的、在你面前的表现，都不一定是真实的。怎么办？你派个人到他家里去看看，打听打听他在家对父母孝敬不孝敬，这个才是根本。一个人，成绩很好，很多事情他都能做，你看他反应很快，在你面前讲得头头是道，然后派人一打听，竟然对父母不孝敬，那你还敢用他吗？

所以，百善孝为先，孝是基本原则，是做人做事的根本检验，人不孝什么都免谈。

一个懂得孝道的人见到父母，首先想到的是什么？是父母年纪大了，你因为没有尽孝而心存愧疚；还是心存怨恨，觉得他们没有教育好你？

其实，这些都在其次。你第一个应该想的是，如果没有父母，就没有你自己。

所以我们为什么孝？就是因为没有父母就没有你。坦白讲，不管父母长得怎么样，没有他们就没有你，子女不嫌父母丑，道理就出来了。

中国人最看不起的，就是一个人心中没有父母。子女读书好不好，成就大不大，赚钱多不多，其实都无所谓。但是心中要有父母，这是对一个中国人最基本的要求。

中华文化是情的文化，我们最重视的是你心中有我，我心中有你。只要父母心中有子女，子女心中有父母，孝敬和慈爱都会是自然而然的事情。

胡雪岩是典型的中国人，赚了钱就想要建一座像模像样的宅子，留给后代。今天很多富人热衷于购买豪宅，实质上都是一样的。

中国人讲究风水，要建宅院当然要选好地点。胡雪岩先请风水先生看好了一块宝地，位置临街，方方正正，所处的街道名字也很好，叫作元宝街。

地方选好了，胡雪岩又从京城请来知名的建筑设计师对宅院的布局结构进行了精心设计。整个宅院以中式传统建筑为主，既有江南园林的巧妙秀美，又兼具皇家宫廷的富丽堂皇，同时还借鉴了一些西洋的建筑元素，整个建筑中西合璧，典雅幽静。

一栋房子，是准备住个三五年，还是要住上百八十年，只要看当初建造时的用料就能知道。胡雪岩建造宅院，用的都是紫檀、酸枝、楠木等上等材料，并且有大量的砖雕、木雕、石雕等非常精美的工艺点缀其间，可以说是雕梁画栋、美轮美奂。除此以外，胡雪岩还添置了很多西方的新鲜东西。早在那个时候，他们家就有了电话，这在当时可是很时髦的。

这栋房子修得这么好，是为什么？是因为胡雪岩想给母亲一个舒适安逸的居住环境，他想让劳碌了一辈子的母亲安度晚年。

当然，胡雪岩的心中不只有母亲，还有父亲。虽然他的父亲很早就过世了，享不到他的福，但胡雪岩也没有忘了他，他取父亲名号"芝田"中的"芝"字，将花园取名"芝园"，以此来纪念自己早亡的父亲。

心中有父母，其实是我们家风网络里面最重要的一个纽带。这个纽带一旦断裂，整个网络就都失灵了。有这个纽带，我们才知道什么叫作"天地君亲师"，也就是说老师最大的使命，就是让学生心目当中先有"亲"，要有父母的存在。有了父母的存在，然后再到"君"，有主管的存在，最后才会有天地的存在。而且，一个人只要时时刻刻想着自己的父母，不管是衣食父母，还是养育父母，他就会有更大的天地。如果没有天地，君跟亲都是不存在的。这就告诉我们，我们一辈子都不要忘本，也不要只用嘴巴讲感恩。

现在有些人，总是嘴上说感恩，真正在心里的感恩却很少。对于这些人，感恩就只是口头禅，是不切实际的。真正心里头有感恩之心的人大多不会说出来，而是做出来的。我们要做到孝敬父母，有五个要求。

第一，居则致其敬。

日常起居，平常生活，对父母要恭恭敬敬。早上起来，一定要问安。搞排场，玩虚招，在父母面前根本就不适用。父母活着，他的日常生活，你要恭敬地去了解，而不是打电话：你好吗？腿不痛了吧？不痛就好，平安就是福。老了不要想太多。你在干什么呢？有这么做儿女的吗？你把你的父母当作外人了。

第二，养则致其乐。

其实我们说"养"就是不对的。对父母只能说"供养"，不能说"养"。对下叫养，比如我养小孩；对上叫供养，我供养父母。更不能说我供养我的儿子，那人家就笑话你了。

什么是供养？供养，养之供其乐，你要让父母感觉很愉悦。而不是说我这个儿子现在发财了，回来老给父母脸色看，动不动就告诉父母：我的事情，您老不用操心，我有我的办法。这样他们能身心愉快吗？而现在，这样的儿女越来越多了。儿子为了炫耀，为了摆阔，不顾及父母的感受，那父母能不生气吗？虽说做儿子的可能没有这个意思，但并不是你没有，父母就感觉不到。父母的感觉才是重要的。

第三，病则致其忧。

父母生病的时候就像自己生病了一样，你要请最好的大夫。人老了，生病的时候是没有人愿意照顾的，除了自己的子女以外，任何人都不能百分之百地尽心照顾。

第四，丧则致其哀。

不管父母怎么样，父母过世了，你的内心肯定会很凄凉。有的人却说，幸亏他很快走了，如果拖拖拉拉的，就惨了，岂不害死我们了？你看现在有多少人讲这种话！现在我父母都走了，我就轻松了，你讲这种话，你的父母若是听到会有什么感觉？别人都会怀疑你的孝心到底是真是假。

第五，祭则致其严。

我们在祭拜祖宗的时候，要很严肃，不能开玩笑。要把自己的子女召集起来，告诉他们什么叫祭，用意在哪里。我祭拜父母的时候，虽然这么大年龄了，也会先三跪九叩。我不管我的子孙有什么想法，他们要不要这么做是他们的事，我怎么做是我自己的事。我为什么要这么做？因为我这一生的所有，都是受父母所赐。没有父母，我什么都没有。如果不三跪九叩，能代表我的诚意吗？

老实讲，男子汉大丈夫是不能随便下跪的。但是你见了父母，尤其是父母往生了，如果你还舍不得跪拜，我不晓得你在想什么？你要以身作则，做榜样给你的子孙看。

这五个原则，大家要好好反省反省。我们每一个人都要修己，而修己其实不是为了自己。为了自己，那是自私。修己是为了父母，为了祖先。

不管怎样，作为子女，都应该饮水思源，应该想想当年如果不是父母的话，自己会不会有今天。

作为一个中国人，心中一定要有父母的存在。

不让父母丢脸，是最根本的孝道

> 不让父母丢脸，是最为根本的孝道。心中有父母，处处想到父母的立场，是孝的起点。

现代有些子女有一个毛病，那就是只知道有自己，不知道有父母，以自我为中心，一副"只要我喜欢，有什么不可以"的派头，完全没有顾忌。殊不知就凭这句话，便会把自己害惨。因为人之所以会不守规矩，会为非作歹，一个根本的原因就是过分标榜自我，把父母抛在脑后，认为什么都可以做。

父母心心念念教养子女，他们努力工作，他们看人脸色，他们忍辱负重，都是为了子女。但父母从来不强求子女要做什么，只在乎子女心中有没有自己。我们可以不怕警察，可以不怕上司，但是不能不怕父母难过，不能不怕丢父母的脸。我一辈子不敢做坏事，一方面是惧于法律的威慑，另一方面是怕丢父母的脸。

孟武伯问孝孔子，孔子回答：子女要做到，只有生病的时候才引起父母的担忧。人吃五谷杂粮，要完全没有疾病不太可能，而且也不见得是好事情。父母为子女的疾病担忧，是亲情的表现。子女如果品行不端，时时令父母放心不下，处处让父母为之担忧，这便是不孝。若是言行端正，只是偶尔生病时，才使父母担忧，实在已经是孝子了。当然，子女对自己的健康也应该多注意，因为父母最关心的就是子女的身体。子女有了疾病，或者受到伤害，父母比子女还要紧张，还要忧伤难过。

不让父母丢脸，是最为根本的孝道。心中有父母，处处想到父母的立场，是孝的起点。

胡雪岩能得到人生的第一个机会，也正是得益于此。

一天下午，胡雪岩像平常一样，赶着牛到野外去放牛。趁着牛在草地上吃草，他去不远处路边的凉亭里休息一下。走进凉亭里，他一眼就看到，里面放着一个蓝布包袱。他好奇地走上前去，先是伸手摸了摸，感觉硬邦邦的，又拿起来掂量了一下，沉甸甸的很有分量。于是，他把包袱打开，想看一看里面到底是什么东西。刚一打开，就把胡雪岩结结实实地吓了一大跳——包袱里面装着的，是满满的金银财宝。

我们可以想象一下，一个只有13岁的乡下孩子，突然碰到这样一件令人意想不到的事情，会做出什么样的反应？

通常来说，可能会有的一种反应是惊喜不已，然后趁着四周无人，赶紧抱起包袱，跑回家去交给妈妈。毕竟，这么一大笔钱财，足够他们一家人几十年的吃穿用度了。有了这些钱，妈妈以后就不用像从前那么操劳了。

胡雪岩会这样做吗？如果他真的这样做了，那这个机会就害了他。你捡到十两银子甚至一百两银子，偷偷拿回去，可能不为人知。但捡到这么大的一笔财物，一旦被人发现，必然是会被抓去坐牢的。

或许胡雪岩能够考虑到这一点，他会先找一个僻静的地方，把这些金银财宝悄悄藏起来，等到风声过去，大家都不注意了以后，再每次挖一点出来，然后慢慢拿去变卖。这样或许会很安全，也应该没有人会发现，但是做这种事情，总是一辈子良心不安的。如果胡雪岩做出这种反应的话，我们确信他也不会有大出息的。

那么，胡雪岩是怎么做的呢？母亲的教育让他明白，这些东西既然不是自己的，就一定不能拿，而且失主此时肯定会着急得要命，在四处找寻遗失的包袱。因此，他决定原地等待失主。

西方人认为，社会最小的单位是个人。但中国人受《易经》的影响，家庭观念浓厚，所以中国人认为，社会最小的单位是家庭。在中国，一个人出去，他代表的是一个家庭，而不仅仅代表他个人。家里面的一分子，在外面做错了事情，全家人都会被人家笑话。现在很多小孩子不懂这个，认为自己就算做错了事，跟父母也没有关系。孩子做错了事，父母是会蒙羞的，因为人家都会骂你的父母疏于教养，才有你这种小孩。

现在有的孩子这种观念很淡薄，他们之所以敢在外面七搞八搞，就是因为他心中没有父母。在他们看来，自己爱怎么做就怎么做，跟父母没有关系。但事实上，中国人骂人，一开口就说没有家教。说他没有家教，就是说他的父母没有管教好。中国人看到一个小孩子胡作非为，就骂他的爸爸，骂他的妈妈，说他没有家教，这在外国人看来是很奇怪的事情。作为一个中国人，一定要记住，我们活一辈子，千万不能丢父母的脸。小孩心中要有父母，要规规矩矩地做人。

我们从小就要养成习惯，每做一件事情之前，先想一想，这样做父母会不会不高兴，会不会让父母丢脸，深思熟虑之后，很多事情我们就不敢做了。

胡雪岩就是用实际行动证明了这一点：捡到那么一大笔金银财宝，他第一时间想到的就是母亲的教诲，所以他毫不动心，不要就是不要。

当然，胡雪岩的聪明不仅限于此。

如果胡雪岩就那么傻傻地坐在那里等着，其实也是一件非常危险的事情。假如有人发现失主在四处慌忙地找东西，又得知失主曾经从凉亭这里经过，于是抢先赶来，问胡雪岩有没有捡到东西，然后胡雪岩就稀里糊涂地把包袱交给他，那不就上当了吗？由此可见，任何事情，哪怕是好事，假如思虑不周、处理不好的话，都可能办坏，使好事变成坏事。

胡雪岩没有这么做，他先把包袱藏到草丛里面，然后好像没事人一样，坐回凉亭等待失主。可是，一直等到太阳快下山了，等到肚子叽里咕噜叫了起来，也没有人过来，但胡雪岩还是强忍住饥饿，继续坐在那里等候失主。

又等了很久，终于，有一个人神色慌张地跑了过来，开口就问："小哥小哥，你有没有看到我丢的东西？"

胡雪岩没有直接回答，而是很沉稳地反问："你丢了什么？"来人说："丢了一个蓝色的包袱。"胡雪岩听他这么说，才继续问他："里面都有些什么东西？"

来人一听，心里就明白了：东西找到了，否则这个少年怎么会这样问呢？于是赶忙把里面的东西一一说来。胡雪岩见他说得分毫不差，这才将包袱取出还给了失主。

包袱失而复得，失主高兴不已，他急忙从包袱里拿出两样东西，作为对胡雪岩的酬谢。胡雪岩连忙拒绝说："不要不要，这本来就是你的东西，我又没有做什么，本来就是该还给你的。"

失主听了他的这番话，感动不已，于是告诉胡雪岩说："我姓蒋，在大阜开一家杂粮店。你这么好的小孩子在这里放牛可惜了，如果你愿意跟我出去，我收你当徒弟……"

胡雪岩会不会答应？

胡雪岩如果马上就回答"好，我跟你去"，相信蒋老板以后也不会好好教他。说走就走，这样的孩子心目当中根本没有父母，以后又怎么可能会有老板呢？这样的徒弟当然不会被老板和师父看重。

但胡雪岩的做法深得蒋老板的心。他听了蒋老板的话后说："我现在不能答应你，要回去问母亲。如果母亲同意的话，我当然乐意跟你去。"蒋老板一听，更觉得这个徒弟他收定了，所以就说："好好好，我把地址留给你，如果你跟母亲谈妥了，就过来找我，我那边给你安排好一切事情，你都不用担心，我一定会好好教你。"

这么晚还没回家，胡雪岩的母亲当然是万分担忧。胡雪岩回家以后，把事情整个经过告诉母亲之后，母亲的担忧一下子变成了欣慰。听到蒋老板要收儿子为徒，母亲很高兴，当时就答应了。母亲都是为孩子着想的，既然儿子有这么好的机会当然要去，这是求之不得的好事情。

就这样，胡雪岩 13 岁的时候，独自一人离开了绩溪胡里村，按照地址找到大阜的蒋老板，开始了在杂粮行的学徒生涯。

当蒋老板开口要带他去当学徒的时候，胡雪岩说要先问妈妈，这是为什么？因为做子女的，听从父母的话是天经地义的事。

现在有些人，受了教育后就开始看不起自己的父母，将小时候父母对自己的教导态度，反过来施与父母。经常把父母当作纠正的对象，指责父母这样不对，那样会惹人笑话。这样的子女真的是不孝至极。

时代背景不同，人的立场、认知、看法就不一样。父母的话有道理，子女当然要听从，因为没有父母会存心害自己的子女；即使父母的话不合理，也不可以讲一大堆道理驳斥他们，因为你没有资格这样做。

我拿的学位比我爸爸高，我会笑话我爸爸吗？当然不会。我拿到博士学位的时候，爸爸很高兴，他说了一句从来没有说过的话："你真有办法，这么困难的事情都能突破。"我说："爸爸，不是这样，如果没有全家人支持的话，我想都不要想。"

如果我跟我爸爸说"我拿了博士学位，你有吗"，那我算什么儿子呢？我一直从心里面认为，如果生在我爸爸的那个时代，我一定不如他，因为我没有他那么坚强，所以我一辈子都不会讲"我比我爸爸成就高"这种话，这才是懂得什么叫作"天下无不是的父母"。

中国人一切事情都是父母第一，这是外国人做不到的。你心目当中有父母在，父母即使对你不好也是很神圣的，这是你的孝心，跟他怎么样没有关系。

大孝尊亲，使父母享有美名

> 小孝用体力，中孝兼用心智，大孝则永久维持孝心，也就是不论父母在世与否，都能够心中有父母，终生不敢使父母蒙上耻辱。

我们所赖以生存的宇宙，是我们的根，没有天地，怎么可能出现人类？我们所选择的父母，是我们的本，没有父母，怎么生得出来我们？古圣先贤，要我们拜天谢地，孝敬父母，便是希望我们不忘掉根本。想想看，几乎大部分动物生下来，动一动就能活，不太依赖父母。只有人类生下来什么都不会，注定有好几年的时间必须靠父母的照顾才能存活。这是老天爷给我们的启示：人是离不开父母的。我们因为有了父母的抚养，才有办法长大。长大以后，父母老了，我们就必须回报他们，道理就是这么简单。

孝是人的天性，但子女尽孝也是有层次的。在孔子的弟子当中，曾子以孝闻名。曾子对于孝的体会和认识，是十分深刻而中肯的。他认为孝有三等：大孝尊亲，其次弗辱，其下能养。

曾子认为的大孝是"尊亲"，子女发奋图强，使父母享有美名，才算是大孝。我们常说光宗耀祖扬名显亲，完成父母未完成的事业，实际上都是对父母的大孝。小孝用体力，中孝兼用心智，大孝则永久维持孝心，也就是不论父母在世与否，都能够心中有父母，终生不敢使父母蒙上耻辱。

胡雪岩在名利双收之后，于己已经是别无所求了。但他并没有因此而心满意足，他想起了家中年迈的老母亲，于是就想向母亲尽一尽孝道。

胡雪岩深知"子欲养而亲不待，树欲静而风不止"的道理，于是希望趁自己在事业顶峰的时候为母亲求一个诰命夫人的名号，好让母亲在晚年时期也受到众人的敬仰和爱戴。

但是诰命夫人的封号是需要慈禧太后亲封的，这是一件非常困难的事情。胡雪岩在做生意方面可谓如鱼得水，在朝廷上却没有这么游刃有余，于是他只好求助于他人。

这个时候一个意想不到的人居然出来帮忙了，他就是李鸿章。李鸿章原本是一直打压胡雪岩的，但看到胡雪岩越来越得势，事业发展得越来越兴旺，于是以直隶总督的身份，奏请朝廷给胡雪岩的母亲金太夫人册封匾额。这叫作什么？叫作锦上添花。李鸿章做这样的事情，是想缓和一下同胡雪岩的关系，进而拉拢胡雪岩。可是没有想到，慈禧太后对李鸿章印象很不好，因而以胡雪岩官衔资格不够为由未予批准。

后来还是左宗棠动脑筋，他让胡雪岩把母亲曾经做过的善事一一列举出来，写成条陈。胡雪岩于是将以前奉母命捐赠的棉衣、粮米、银两等数字一一列出，总共有二十万两白银之多。左宗棠就把金太夫人的这些善举整理出来，如某月某日做了什么，诸如此类。开始左宗棠并没有提任何要求，只是上报给朝廷。

过了一段时间，左宗棠再次上奏慈禧太后，说他虽与胡雪岩接触不多，但是发现此人十分孝顺，胡雪岩做的许多善事均系恪遵母命所为，为了彰显贤母令子之风，恳请恩准赐其母金太夫人匾额。

左宗棠说的"恪遵母命所为"这句话一下子打动了慈禧的心，因为她唯恐自己的亲生儿子不肯顺从她"垂帘听政"的做法，现在得知一个商人发迹后居然能恪遵母命，行善积德，当然要借此机会大加弘扬，以此也好"教训"一下"不听话"的同治皇帝。于是慈禧太后立即批准了左宗棠的奏本，并亲笔书写了"淑德彰闻"四个大字。这样，一块红底金字匾额送到了杭州胡府，胡雪岩母亲也得到了一品夫人的封号。

所谓诰命夫人其实只是一个虚设的官衔，没有实权但是有俸禄，官品跟其丈夫或儿子的官职相应。但是在古代，能够获得正一品诰命夫人的人屈指可数，这是一种荣誉、一种尊称。胡雪岩在发达之后，一刻都没有忘记自己的母亲，他想尽办法为母亲博得这个封号，完全是为了尽孝道。

自从胡雪岩发迹以后，母亲虽说是过上了富裕的生活，但终归还是一介百姓。而有了这个封号，母亲以后就是尊贵的诰命夫人，即使是王公贵族们遇见了她也是要行礼的。胡雪岩在人生最风光的时候依然把母亲放在最高的位置上，可见他的孝心是多么令人敬佩。这就是大孝尊亲。

一个人，你的孝道发扬到极致的时候，整个家族会因为你而受到尊重。你看孔子的子孙，我们对他们都另眼看待，就是因为孔子的名望和贡献。天底下最厉害的人就是老子，但老子连姓都不要了，我们现在总说"老子就这么说"，连我们都称自己为"老子"，但我们没有称自己为孔子。"老子说了你不听"，你看有趣不有趣？中国人会慢慢把自己跟"老子"对等起来。所以说，老子无所不在，他影响力最大，但他是谁？他不让你知道。他只是要把自己的观念散播出去，有影响就够了，至于他是谁就不重要了。老子最伟大的地方就是无我，就是没有他自己。这才是大孝。

孝跟任何事情都有关系，才叫大孝。一个人的任何举止和动作，都跟父母有关系。只要你表现不佳，别人第一个念头就会想到你的父母，他们会怀疑你的父母当年是怎么教你的。

如果你真是个孝子，那这辈子就要努力，为你的父母争光。大家可以想一想，在一些比赛场上，或者舞台上，只要有人得到冠军，或者拿到第一名，他的目光就会在台下寻找亲人，而主持人一般也都会问父母有没有到场，如果父母到了现场，肯定会把他们请到台上，这样会让父母觉得很有光彩。这是人之常情。外国人会不会？不会。外国人上台领奖，谢谢这个，谢谢那个，谢了很多人，却很少提父母。这两种方式我们一比较就知道，到底哪个才是孝。当然，我并没有说哪个不孝，因为那是价值观不一样造成的。

我们所做的一切都是为了给父母增添光彩，这叫作光宗耀祖。这一点儿也不可笑。如果人只是为了个人的名利，他可能会想得很近，看得很小，可能还会采取不当的手段。但是，一想到光宗耀祖，他会看得很远，会想得很广，而且会小心翼翼，生怕出错。

胡雪岩的人生智慧

潜心做事，用心做人

用心做事，不计较得失

🌀 用心做事得来的经验，是一个人最宝贵的财富。

　　一个人最可贵的，便是"用心"。一个用心的人，才能把事做好，上司才敢给予信任，热心教导。然后你再表现出令人激赏的"细心"，现代称为执行力。能够用心多方面思虑，并且掌握整个执行的过程，以确保成效的人，当然心细如丝，值得信赖。这时候需要很大的"耐心"，现代称为抗压性。因为用心加上细心，结果自然良好。这样的人，自然会被领导慧眼识英才，抱着三顾茅庐的心态，前来邀约，并且给予适当的职位。至少也会获得上司的欣赏，而加以重用。

　　到了大阜蒋老板的杂粮店，胡雪岩一直用心工作，老板交代的事情，他一丝不苟地完成；老板没有交代的事情，能做也尽量去做。虽然只是一个学徒，但他做到的早已经超出了学徒所应该做的。现在很多年轻人不是这样，总是先看老板给自己多少钱，然后才去做多少工作，这样的人不会有什么发展。胡雪岩完全没有这种想法，因为他明白，老板的态度怎样，那是老板的事情。自己能够从村子里出来，能够不再放牛是一个莫大的机会，这个机会是不可多得的，一定要好好珍惜。既然出来了，就要好好学，学到手的东西才是自己的。所以，在平日里，他付出的永远比别人多，因为他想得比别人远，而且是远很多。

渐渐地，蒋老板发现，只要是交给胡雪岩的工作，他一定会办得恰当得体，而且能够为杂粮店带来很好的声誉。因此，蒋老板对他越发地喜欢，越发地看重，也越来越觉得自己当初带胡雪岩到自己的杂粮店来工作的决定是正确的，于是平日里对胡雪岩的栽培和教导也越来越多。外出办事的时候，蒋老板总爱带着胡雪岩，每次出去，胡雪岩都会用心学习，得到很多的收获，这些收获都是胡雪岩在以后经商之路上能用到的。

我们要记住一句话：学来的本领，谁都偷不走！钞票放在口袋里面，半路上可能会遗失；金子打成戒指戴在手上，遇见强盗说不定连手指都保不住。但学来一身的本领，一辈子不会丢掉。年纪轻轻，多做一些才能多学一点，这样有什么不好？很多事情看着简单，没有做过就不会知道其中的艰难。只有做过以后，才会知道没有一件事情是简单的，没有一件事情是随随便便就能够做好的。不用心当然很快就能做完，但做完不等于做好，用心以后才会知道什么都不是那么简单的。

用心做事得来的经验，是一个人最宝贵的财富。

胡雪岩的用心不止让他积累了丰富的经验，还给他带来了宝贵的机会。

在胡雪岩来到杂粮店的第三年，有一个金华来的老板来杂粮店谈生意，可是刚到大阜就病倒了。说到金华，我们就会想到金华火腿，不错，这位客商正是一家金华火腿行的掌柜。他在大阜举目无亲，无人照顾，拖着病体又回不了金华，心里十分着急。身体本来就不好，

再加上急火攻心，病情更加严重了。

胡雪岩得知此事后，就赶到他的病榻前，一连多日给他端药送饭，忙前跑后，照顾得十分周到。在胡雪岩的精心照料下，没过多久，客商的身体就痊愈了。这位客商十分感动，就问杂粮行的蒋老板怎么会有这么好的徒弟。蒋老板于是把自己的包袱失而复得的经过，以及胡雪岩在自己店里的表现跟他细说了一遍。

金华火腿行的掌柜听后大为感叹，就主动问胡雪岩："我们那里比大阜好玩得多，你随我一起到金华如何？"胡雪岩还是同样的态度："这个不行，要问我们的老板。老板同意，我才可以答应你。如果老板需要我在这里，虽然我想去，但是也不能跟你走。"

胡雪岩把金华客商的意思告诉了蒋老板，蒋老板虽然很不舍，但他是个正直又很大气的商人，他自知金华比大阜的发展要强，而且胡雪岩有那个资质，应该继续得到更好的培养和锻炼，所以他同意让胡雪岩去金华闯荡。

于是，胡雪岩从大阜来到了金华。到了金华以后，胡雪岩还是像从前一样勤劳能干，而且学什么东西都比较快，老板交代的事情也都能做得很好，让老板很满意。金华火腿行的规模远比大阜杂粮行大得多，这让胡雪岩眼界大开。在金华，有很多东西是胡雪岩不会的，但因为他是一个用心的人，所以只要自己不会的事情就要去学习，他的刻苦，老板也都看在眼里。同时，他虚心地向店里面的伙计们学习，与他们相处得也很融洽。

胡雪岩凡事都很用心，不会的就去学，把每一个细节都摸得很清楚，所以后来当了老板，他也很清楚干部的对错疏失，这些都是他自己实践得来的，不是靠师父能教会的。现在很多年轻人受到西方的影响，总觉得给的多，就多做一点，给的少，一定少做一点，其实这是对自己很不利的想法。

从放牛娃到大阜杂粮行，再到金华火腿行，用心使得胡雪岩一路非常顺当。胡雪岩有他的福分，而这些福分也是他自己累积起来的。当一个人希望有某种机会，而这种机会在自己的努力下，很幸运地落到了自己头上的时候，他当然会格外地珍惜，格外地认真，格外卖力地去表现。胡雪岩就是这样，因此他的老板对他也是格外器重和栽培，这样一来，他自然会发展得很顺利。

一切准备充足，机会水到渠成

🍃 时非常重要，时一变什么都变了，做事一定要适时，才能走运。

《易经·系辞》说："君子藏器于身，待时而动。"意思是，君子一定要具备足以实现自我理想的技能，静静地等待施展才能的最佳时机，然后一举成功。

好机会都是留给那些有准备的人，不管你做什么事情，你一定要在开始之前做好充分的准备。平时要注重加强自我修炼，才能在机会出现时，牢牢抓住。

金华火腿行的规模比较大，所以跟很多杭州的钱庄都有业务往来，于是胡雪岩终于有机会亲眼看见了以后影响他一生的东西——银票。从前，钱庄可以印发钱票，和当铺开据当票一样，不过当票是方形的，钱票是长方形。钱票的纸质也比当票好一些，票面用青色或彩色印上钱庄的招牌，金额多少可以由钱庄专门写钱票的人直接用墨笔写上去，写好后再盖上几个红印泥的图章，这图章和字迹是不容易伪造的。

胡雪岩以前只见过当票，平日里见得最多的就是铜板，再大就是实实在在的银锭子，也就是白银，哪里见过"银票"。银票给胡雪岩带来了极大的震撼，因为他难以想象，钱居然能够被人随意地写在纸上，再盖上印就可以当作数目巨大的钱来使用。

胡雪岩为什么对银票有那么大的兴趣？我们相信，家境越贫寒的人，对钱的价值就会看得越重。胡雪岩心里想，从前以为钱都是由官府造的，民间不能铸造，现在知道有钱的人可以自开钱庄，要多少钱就可以写多少钱，这不是比官府更好吗？将来自己也开个钱庄，做一个钱庄老板，就可以无限制地用钱了，这该多好！胡雪岩会这样想，其实也是人之常情。从此，胡雪岩的一生都跟钱庄结下了不解之缘。胡雪岩一生大部分时间都在做钱庄生意，用现在的话讲就是开银行。我们都会有种认识，开银行的人是很有钱的。因为用钱来赚钱，钱滚钱，当然比用人力赚钱来得容易。所以，胡雪岩暗下决心：我一定要到钱庄里当学徒。

有了这个决心后，胡雪岩就开始默默做准备了。碰见钱庄前来收账的人，他总是问长问短：你们钱庄有没有学徒啊？他们都学些什么啊？都做些什么事啊？当他打听得知钱庄的学徒要算钱算得很快，要算盘打得很熟，要写字写得很漂亮时，就二话不说，马上开始每天暗自练习书法，练习珠心算。

胡雪岩本身聪明好学，又加上勤奋努力，所以进步很快，没过多久，他就把当钱庄学徒的基本技能都掌握了，这为他下一步去钱庄工作打下了坚实的基础。

一个人确定了方向以后，不要先考虑眼前有没有机会，而要先做好自己能做的准备，等到一切准备充足了，机会自然水到渠成。

不过，还要注意的一点是，自身有好本事，如果时不对，情势不对，就不要马上表现出来，否则要么成为众人打击的对象，要么功高震主，那就很难成事。怀才不遇，郁郁而终，很多时候是因为自己不会审时度势。

所以，时非常重要，时一变就什么都变了，做事一定要适时，才能走运。

像胡雪岩，虽然他已经有能力做好钱庄工作了，他却没有直截了当地问别人：你们那里需要学徒吗？我能不能去呀？而是用一种巧妙的方法创造时机，让机会自动找上门。

胡雪岩虽然心里想去钱庄，却没有主动开口，这是他很了不起的地方。因为你主动开口就是求人，如果对方不同意，岂不是很尴尬，而且也会得罪原来的老板。我们经常只看到一面，没想到会伤害另一面，就是因为缺少这种平衡的思想。

胡雪岩很有心机，在与钱庄的人核对账目的时候，他都不用算盘，全靠心算报账，而且算得又快又准。钱庄的人自然很快注意到他，称赞这个小孩子真是不得了，怎么算得这么快？这时他又拿起算盘，啪啪啪一打，更快！这样一来，钱庄的人对他更加刮目相看。

钱庄的人见胡雪岩又勤快又好学，不由跟胡雪岩的掌柜谈论起他的表现。掌柜把以前的事一说，客商觉得胡雪岩不光勤快好学，而且还拾金不昧，诚实守信，于是马上说：我们钱庄就需要这样的人，你愿不愿意把他让给我呢？就这样，胡雪岩又得到了很好的机会。

中国人不是一个拜神的民族，我们是礼佛的民族。礼佛跟拜神有什么不同？礼佛是一种礼貌，就是我们看到神佛就会跟他打个招呼，这样叫作礼佛。但我们基本上是不求神的，因为真正要做事情还是靠自己。

胡雪岩非常明白这一点，因此他不但能把握机会，还能自己创造机会，让对方了解自己有什么本事，这个更加重要。他努力表现自己，表现到让别人看中他，机会自然就来了。

不管在大阜还是在金华，胡雪岩都没有迷失方向，虽然工作常调换，但是，每个工作他都能做到最好，并且在这个过程中能找到自己最感兴趣的事情，这不是任何一个人都能办得到的。机会是每个人都有的，就看其能不能抓住并有效地利用。胡雪岩正是凭借出色的才智和勤奋努力才能够得到这些机会并磨炼自己，这都为他以后的成功打下了基础。

成大事者，心有静气

当你看到前面有座山挡住去路的时候，走不动的时候，就应该停下来，休息一下，积蓄一下能量，只有止欲自修才是最可靠的。除此，没有别的更好的路可走。

现代社会，人们普遍能动不能静，大家来来往往、匆匆忙忙，事情越多人越忙，人越忙事情越多，似乎陷入了一个无休止的恶性循环。而且现代管理中，样样都要计较，事事都不能放松，大家都觉得压力很大。在这种情况下，已经不是忙里偷闲，或者周休二日、休闲郊游所能够纾解的。

再加上现代人普遍追求享受生活，对烹调的美味、舞蹈的优雅、音乐的美妙，以及各种感官的刺激，感到既羡慕又热衷。把自己的眼睛、耳朵和嘴巴，安排得没有丝毫的空余，还要加上手舞足蹈，当然更加难以静下来。

但是，在这种新鲜事物应接不暇、忙忙碌碌的时代，我们的幸福感并没有增加多少，我们的人生并没有充实多少，反而普遍烦恼焦虑，甚至很想要寻找一方安静平和的乐土，去代替只剩下一个"忙"字的生活。

我们真的需要适可而止，沉得住心气，耐得住性子。

有句话说，人贵三得：沉得住气，弯得下腰，抬得起头。的确如此，若遇到急事就冒冒失失，惊慌失措，那么很多事情就会做不好。沉得住气，不慌不忙，才能坚毅沉稳，做好细节，取得成功。

胡雪岩为什么能把事情做好？一个重要的原因就是他能静下心来，做事情全身心投入。

到了阜康钱庄后，胡雪岩被指定在金库里当学徒。

胡雪岩从进入钱庄的那一夜起，整整两个月的时间未踏出店门半步。因为按照钱庄的规矩，学徒进门要先练习"坐功"，就是整日待在金库里，练习算银票，包银圆，串铜钱。白天不准出门，晚上住在店中，同样不许外出。坐功的考验期是一个月，如果一个月内遵守规矩闭门不出，而且表现不错，就算合格。如果在第一个月便出了差错，可以再考验一个月。若是仍有违规的行为，就会被彻底辞退。金库里连同胡雪岩在内一共三个学徒，年龄都差不多，稍大的一个刚满师，在金库里指导其他人工作，大家叫他师兄。胡雪岩人缘很好，没几天便与大家混得很熟了。

一个 19 岁的少年，初次来到风光明媚、景色如画的杭州，我们将心比心，相信他心中的第一个愿望，应该是抽空去看看西湖的景色。但胡雪岩认为好不容易找到自己想做的工作，就要一切遵守规矩。他想起母亲的教诲，要认真，要用心，要勤劳，要努力，更要听老板的话；他也想起已经去世的父亲读过书却没有机会，自己读书不多，却有这么好的机会，当然要格外珍惜才是。所以一个月过去了，他始终没有离开钱庄，工作不但熟练而且准确，没有发生任何差错。

到了第二个月，师兄告诉他可以到外面走走，去看看美丽的西

湖。但他仍表示不急着出去，等坐习惯了，师兄要出去时，再一起去。师兄当然很高兴，难得胡雪岩这么听话，于是告诉他以后每逢初一、十五去西湖时带他一起去，胡雪岩自然也很高兴。

《大学》里面有一段话："知止而后有定，定而后能静，静而后能安，安而后能虑，虑而后能得。"一个人有没有定力，就看他能不能静下来。有人说我很静啊，那我就要问，你静到什么地步，静到什么程度？你也许是装的，只静个两分钟而已。小孩大概只能静两分钟，就开始动了，因为他小，也没有修养。如果大人也像小孩一样，整天都在动，那这一辈子能做什么事呢？大家自己去想想。

《大学》的这段话，跟《易经》中的艮卦联系在一起就很好理解了。艮卦彖辞说："艮，止也。时止则止，时行则行，动静不失其时，其道光明。艮其止，止其所也。上下敌应，不相与也。是以不获其身，行其庭，不见其人，无咎也。"

彖辞讲得很清楚："艮，止也。"这个止不是禁止，也不是永久不变。后面接着解释说，"时止则止，时行则行"。应该止的时候，一定要止；应该动的时候，也不能不动。就好像一个人，不该他讲话的时候，如果他讲了，所有人的脸色都会很难看。人们认为轮不到他讲话，就算他讲得再好，也是废话，也是浪费人们的时间。如果该他讲话时，他又不讲，所有的人也会很气愤，认为他不识抬举，或者看不起别人。所以，一切都是时，时一到，不做不行；时未到，徒劳无功。《易经》每次讲"时之义大矣哉"，就是告诉我们一切都要看那个时，随时而动。时间不会配合我们，我们要全面配合时间。

"动静不失其时"，就是说我们走路的时候，就是该走路的时候；我们静坐的时候，就是该静坐的时候。我在国外，看到有些外国人中午在慢跑，就觉得很奇怪。子时跟午时，人应该静，应该躺在床上，所以午休是很好的习惯。不要因为你不午休，就骂人家中午睡觉耽误下午做事情，说什么外国人不午休、效率高之类的话。难道外国人不午休，我们就不能午休了吗？难道外国人中午在跑步，我们就要跟着跑吗？要知道，时不对，所做的事情是有害的。人要跟作息规律相配合，我们中国人向来重视时辰，因为每一个时辰，都有不同的安排。

"其道光明"，光明在这里指的是通达情理，明白道理，就会越走越光明，而不是越走越黑暗。一个人身体好，心里宁静，知道什么时候该动，什么时候该静，就不会吃亏，心情喜悦，前途自然光明。

"艮其止，止其所也。上下敌应，不相与也。是以不获其身，行其庭，不见其人，无咎也。"大体来说，相对不动的那一面，不会影响到我们自己。我们所要的东西跟动是有关系的，因为哪里动，我们的眼睛就会看向哪里，停在哪里。只要一个人看不到自己想看的东西，就会慢慢地消除那种欲望，好比同在一个庭院里面，你看不到他的身体，就等于看不到这个人。看不到这个人，就慢慢忘我了，不知道自己有什么要求。这样的话，就"无咎"，就不会起心动念，一贪再贪。其实人就是因为贪，所以总是上当。一个人如果不贪，谁拿他也没有办法。

我们再回过头来看"知止而后有定，定而后能静，静而后能安，安而后能虑，虑而后能得"这段话，就更清楚了。

"知止而后有定，定而后能静"，一个人要静下来很难。拿打坐来说，有几个人能坐得住？一打坐，没有准备好；再打坐，电话响了；又坐，小便急了，该上厕所了……这样，能坐得住才怪？所以，静是很不容易的。有人说要外面静，自己才能静，如果这样的话永远都不可能静。就算跑到深山里面，还有鸟叫虫鸣呢。所以，真正的静，是一个人的心静，而不是外界的静。

"静而后能安"，安，也很不容易做到。一个人连自己都安顿不下来，怎么去安顿别人呢？比如老板很浮躁，部下能安顿得下来吗？表面上他是在工作，心里想的却是老板对自己是否满意，这样根本没有办法安心工作。

"安而后能虑"，必须要安，才有办法考虑得周全。"虑"字，是不是因为笔画太多了，我们现在几乎都不讲了，而是用"思考"代替了"思虑"？刚开始我不能接受，后来也接受了。因为现在有些人不打自招，根本没有心，还怎么虑呢？只不过是"考"而已。考人家，考自己，考得每个人都焦头烂额。

"虑而后能得"，必须想得很透彻，摸得很清楚，才有办法"得"。这个"得"就是寻道有得。

我们一直强调，现代人最大的毛病就是能动不能静，克服了这一点，才能走更远的路！艮卦告诉我们，当你看到前面有座山挡住去路的时候，就应该停下来，休息一下，积蓄一下能量，只有止欲自修才是最可靠的。除此，没有别的更好的路可走。

从现在开始，学会动静结合，才叫作"一阴一阳之谓道"。

能呼才能吸，能舍才能得

> 任何情况之下要有所得，你都可以有所得；要有所失，马上就有所失，这是你自己在做主的。一念之差，自作自受。

常言道："舍得，舍得，有舍才有得。"正所谓人生需要舍得，舍得丰富人生。世间万物，皆在舍与得之间，舍得是一种选择，更是一种态度。

但是，如何舍，如何得，却是一种智慧，一门学问。那么，我们如何舍，才能得？如何追求得，才不至于得不偿失？

我们先从实际生活中来体会一下什么是舍得。就像呼吸，是每个人天天都做的事情，如果你去问一个人，呼重要还是吸重要？大部分人都会说，当然吸重要了。吸就是益，呼就是损，而且先损后益比较好。

如果只是呼气，把所有体内那些脏气统统排出来，那就是损要把它损得干净，将来吸进新鲜的空气，才会增益身体。因而我们呼吸时一定要好好地呼，把所有的晦气统统呼掉，这就叫舍。如果连一点空气都舍不得，那还怎么得？

所以，舍得舍得，舍就是损，得就是益。《大学》才会讲：知所先后，则近道矣。

两件事情同样重要，但是哪个在先哪个在后，要拿捏得很准，能呼才能吸，能舍才能得。

比如，一块海绵如果吸满了水，它就吸不了任何东西。海绵能够吸水，就是因为它是干的。如果海绵已经充满了水，而又舍不得把这些水挤干，那它的吸水功能就消失了。

一个空瓶，可以装任何东西，但是一旦装满了东西，就没有用了。装了醋以后，就不能装酱油了；装了酱油后，就不能装酒了。这时候要看我们舍不舍得把瓶子里面的东西倒掉。

把这个道理都想通了以后，就知道舍得损益的道理了。

在阜康钱庄，胡雪岩和在大阜、金华的时候一模一样，如果说有不同，就是他对学徒的分内之事更加勤快了。每天早早起床，先替老板端洗脸水倒尿壶，扫地抹桌买早点。开店营业之后，有客户来办业务，他总是立在一旁，见机做事，从来不用吩咐。

阜康钱庄的于老板已经上了年纪，也带过好几个徒弟，他对年轻人十分爱护，也都严加管教。他仔细观察胡雪岩的言行，通过各种方式考验胡雪岩，认为他是个值得栽培的人才，更加用心培养他。按照钱庄的规定，学徒五年满师，才可以委派工作，正式成为办事人员。但是，于老板看胡雪岩十分特别，所以刚到第五年，离满师的期限还有整整一年，便迫不及待地升他为"跑街"，可以送送账单文书，也就是相当于现在的业务助理。

由于胡雪岩在还没有担任跑街之前，就已经把跑街的各种任务和相关技巧掌握得差不多了，所以一上任，很快就进入状态，表现得非常出色。只做了半年，便升为正式的"出店"，也就是现在的业务主管，有了一定的经营上的权利。出店不但可以接洽业务，而且要经手银钱。店里的伙计看到胡雪岩还未满师就担任出店，心里都很羡慕。

出店再往上便是"掌盘"了，就是"掌握全盘"的意思，相当于现在的总经理，地位仅次于老板。胡雪岩一步步升职，在从业务助理到业务主管的过程中，他不断根据岗位的不同，调整自己的表现，样样都做得很出色。而钱庄的管理者——掌盘，无疑应该是他在钱庄工作的最高奋斗目标。于老板想到现在的掌盘年纪已大，自己身体又不太好，便有意提拔胡雪岩接任阜康钱庄的掌盘。于是就把他找来商量，说由你来做阜康钱庄的掌盘如何？胡雪岩怎么回答？他说不要。

于老板觉得很诧异，这么好的机会，别人求之不得，你为什么不要？胡雪岩回答说，钱庄的生意全靠出店交际招揽，掌盘看家固然重要，但不如让我当出店，外面人头熟了，这样对店中生意的发展更为有利，等老掌盘出缺时再说也不迟。换句话说，胡雪岩的意思是不能因为自己的升迁连累了钱庄的发展，为了钱庄的发展他宁可不升。

面对如此诱惑，胡雪岩断然拒绝，这是非常了不起的一种定力。如果你是老板，你会怎么样？当然是觉得这个小孩子真不得了，年纪轻轻想得这么长远，当然就更信任他了。胡雪岩懂得舍得之道，所以后来才能赢得于老板的信任，甚至让于老板把钱庄托付给他。

我年轻的时候，住在一个小镇上。小镇的一条街上，有两个牙医，正好是对门，一个姓刘，一个姓张。

刘医生的生意很好，来治牙的人络绎不绝，搞得他很辛苦，老埋怨说怎么那么辛苦，一站站一整天。而张牙医那边，客人很少，逼得他跑到门口抱怨，怎么搞得，都跑到对面去，也不到我这儿来？这是非常强烈的对比。

各位愿意做哪个人？

病人多，收入就多，但很辛苦；没有病人，收入就少，但乐得清闲。

更妙的是，有一次，突然间药价上涨，平常生意好的这家，因为药都卖光了，就没有赚到钱。而另一家，因为生意不好，有很多平时都卖不出去的不得不积攒下来的药，这次却赚大了。

天底下的事情是在不断变化的，千万不要认为将来一定会怎么样。

我们常说，祸福无门，就看你怎么闯。

就像损益同时存在，天底下没有只损不益或只益不损的事情，看你怎么选。

一个人想要获益，必然会在某些方面损失掉一些东西。问题是如何损，才不至于害人害己。怎样追求增益，才不至于得不偿失。

我们首先要知道，损，不是专门损人，损人是不利己的。必须自损，才能获益。

按照有些人的想法来看，如果我们开别人的玩笑，就是损他。其实，一个会开玩笑的人，只会开自己的玩笑。损自己，大家很快乐，会觉得这个人不错，然后他就获益。如果老损别人，谁见了都怕，最后只能害自己。再比如，政府把钱拿出来建设公共设施，就是增益人民。但是政府的钱从哪里来？政府能够用印钞机大量印钞票吗？不能。所以政府的钱，实际上是从老百姓缴税得来的，老百姓"损"自己，以增益政府；而政府取之于民用之于民，反过来增益百姓。

当然，现在也有人把钱储蓄起来，储蓄就是自损。本来手上有几个钱，本可以花掉，可以买更多的衣服，可以吃更好的食品，可以过更奢华的生活。但现在情愿自损，把这个钱存在银行里面。因为天有不测风云，人有旦夕祸福，如果一旦遇到苦难，叫天天不应，叫地地无门，这个时候就要靠平常的节俭来应急。储蓄的时候，就是自损，可是在应急的时候，那就是益了。

很多父母，自己再艰苦，也要全力培养自己的子女。父母不认识字，却从小教育小孩要好好学习，送他去好的大学，这就是自损，自损到最后，就会获益。

怎么获益呢？小孩争气，整个家庭都被别人看得起，就算没有物质上的改善，精神上也会获得极大的安慰。何况小孩也是有良心的，他看到自己的父母这么辛苦，全力栽培他，有朝一日他获得了成就，一定会回过头来照顾家里面。这也是益。

损到最后就会益，就好像否极泰来一样。

你舍得自损，损到无可损的时候了，就增益了，因为物极必反，这是必然的。但是，如果一个人舍不得自损，反而要损人来利己，那最后一定是凶。

因为有些人求益的那种心是不会停止的，你们对我好，还要更好；你们帮我忙，还要再帮忙，继续帮忙；你们借我钱，这样不够，继续借我……迟早会被欲望的深沟吞没，自食恶果。

老实讲，总想获得利益的人，最后是得不到的。

如果一个人有慈悲心，有仁爱的修养，他就会舍得跟人家分享，最后获得的一定更多。因此，修损就是增益，这是一体两面。把自己的欲望减少，就得到身心的健康。欲望很多，就算能够全部满足，消耗的体力必然也多，最后就可能得不偿失。

一般人，是不会算损益的。大家整天看公司的损益表，但有没有算过自己的损益表：这一年我损失了几个朋友？这一年我害了多少人？虽然是无意的，但是对方心里很清楚，为什么有些人一看见他，就躲得远远的，碰到他就紧张？这里面一定有某种道理。

问题是，先损后益是很难的，因为这意味着你要先舍。而舍是违反人性的，因为人性多半是舍不得自己已有的东西的。比如，小孩有了一样东西，他一定抓得紧紧的，甚至送到嘴巴里，他不会送给别人，一定送给自己。从这就可以看得出来，人的本能就是先照顾自己。如果没有本能，人就不用活了。

我们的修养，就是把身上的动物性，慢慢地修养成人性。这其中包含了两个过程：第一个，先把自己的动物性损掉，这样就越来越像一个人。第二个，舍得把人性里面的贪念、邪念损掉，这样就获得了不一样的修养。如此一来，大家马上可以领会到，有形的、物质的东西，钱也好，财富也好，都要适可而止，不要拼命地要求增益。

为什么？因为过分追求物质方面越多，精神就越贫乏，道德就越衰落。道德一衰落，利害就重生，最后大家都受害。老子说"为道日损"，就是要通过自己的行动，通过自己的领悟，逐渐减少自己的欲望。不仅如此，有些情况下，只有主动减损自己，才有可能获益，而这种以舍求得的方式，正是去损得益的良策。

《易经》告诉我们，任何情况之下要有所得，你都可以有所得；要有所失，马上就有所失，这是你自己在做主的。一念之差，自作自受。

为人处事，你吃亏的时候，要想到占便宜的一面；当你占便宜的时候，要想到吃亏的一面。

人生本来就是有舍有得，有损有益，这样的心态就很好。

积善之家，必有余庆

🌀 钱就是你的影子。如果你去追你的影子，怎么追都追不到，你跑得越快，它跑得越快。所以想要找钱，就倒过来，你不要它了，它就死死跟着你。

钱是什么？钱就是你的影子。如果你去追你的影子，怎么追都追不到，你跑得越快，它跑得越快。所以想要找钱，就倒过来，你不要它了，它就死死跟着你。要钱来找你，不要你去找钱，否则一辈子都很辛苦，而钱来找你，那就轻松愉快。

胡雪岩的第一桶金恰好证明了这一点。

胡雪岩在阜康钱庄打工时，于老板突然得了重病，而且一天一天严重起来，他自知将不久于人世，便把老掌盘和胡雪岩叫到床前，详细问起钱庄里的大小事情。由于几年来阜康钱庄的业务规模有所扩大，在金华、宁波、湖州、温州等大商埠均有商铺和客户往来，尤其是各种投资汇兑，客户借贷很多，但说起这些胡雪岩脑中犹如有本账册一般，甚至有些连老板和老掌盘都忘掉了的重要事情，他都了如指掌，如数家珍。

在经过对胡雪岩的严格考察之后，于老板觉得胡雪岩是值得托付的人，况且于老板没有孩子，于是便下定决心，把阜康钱庄全部赠与胡雪岩。在于老板临终的最后一刻，他将亲友和店员唤到床前，将遗嘱公开，正式宣布把阜康钱庄交予胡雪岩经营。

这一年胡雪岩 27 岁。

胡雪岩第一桶金有多少钱？有五千两银子。五千两银子不是个小数目，于老板一口气就把五千两的资产交给了胡雪岩。胡雪岩得到这笔难能可贵而又出乎意料的第一桶金，这对他来讲是祸还是福？我们中国人的事情只有一个答案，就是很难讲。如果胡雪岩好好运用，就是好的；运用不好，本来没有钱还不会惹祸，一有钱马上就惹祸了。所以当我们得到钱财的时候，应该格外谨慎，而不能只是惊喜，然后就开始为所欲为，更不能胡作非为。

福祸无门，唯人自召，是祸还是福，要看你自己，而不是看别人。每一个人的命运都掌握在自己手中。想要赚大钱，可以，要做一些事情。哪些事情？八个字：诸恶莫作，众善奉行。

我们要从小就开始养成做善事的习惯，否则有了钱以后你不一定舍得。但是如果说你为了做善事，就去赚一些不应该赚的钱，那也不叫善事。

所以，先把善事是什么搞清楚，然后养成做善事的习惯，这个时候钱自然会源源不断地来。

于老板去世之前，给胡雪岩留下一句话："你命中有好也有坏，愿你今后多做好事，多积阴德。希望你能学我，勤奋积财，不要像石崇，因财贾祸。"

石崇是谁？他是晋朝的一个富官，非常能敛财，但是因为太过奢侈，结果让皇帝越看越不顺眼，就把他杀了。有的人说，钱是我自己

赚的，我爱怎么花就怎么花，与别人有什么关系？其实不是这样。钱虽然是自己赚的，但过于奢侈就会败坏社会风气。用赚得的钱多做好事，帮助更多的人，这才是正道。

中国有一部宝典叫作《易经》，整部《易经》其实就是一句话而已，叫作"积善之家，必有余庆"，只要相信这句话，很快便能懂得《易经》的道理。它的意思是说，一个人多做好事，多积阴德，就算有些不顺利的事情，也会逢凶化吉，慢慢变得好起来。于老板临终赠言，就是提醒胡雪岩要勤奋节俭，这样才能慢慢把财富累积起来，才可以做更好的事情。他同时告诫胡雪岩千万不能像石崇那样，因为奢侈挥霍而惹的祸端。没有钱只是穷困而已，有了钱却招来祸，那是划不来的。

可惜的是，胡雪岩并没有完全记住于老板临终前的交代，他虽然努力地想做到积财积阴德，但还是因为自己的生活奢侈而惹上了祸端。

你要知道，钱少的时候是自己的，多了以后，就是社会的了，叫作取之于社会，用之于社会。

钱财来源于社会，必须用之于社会。一个人把钱用到合适的地方，发挥它的真正作用，为人类造福，就会因此而不断产生更多的财富。如果你拿去用于个人的享乐，挥霍无度，就算有再多的钱财，最后也会倾家荡产，祸及子孙。这种例子多的是，我们绝不危言耸听。

总之，人对钱的态度，决定了钱给你带来的是快乐还是苦恼。

从这个角度，你就知道，钱财是工具，要合理活用，这样才能够回馈社会，才能够帮助大众，也才能让你自己越来越有钱。现在，有些人把金钱看得太重要，形成向钱看的社会风气，偏重物质生活而忽略精神生活，于是挑起为达目的不择手段的恶性竞争。

大家役于物而丧失真我，导致父子无亲情，夫妻无感情，朋友无道义，大众无道德，大凡经济挂帅的时候，人伦丧失、道德低落，似乎都是不可避免的副产品。

所以，德本财末应该是最可靠的人生信念，大家把道德修养看成根本，再来求财、用财，可以减少很多损害他人和社会的事情。现在有很多有钱人，赚取巨额的金钱，内心却十分不安，因此借着捐赠慈善，想要有所补偿。这种方式完全是治标的方法，对个人、对社会都有一些不良的影响。

对社会来说，如果大家认为有钱可以解决一切，就会更加增强大家热衷追求钱财的决心。以金钱淹没道德，便是有钱出钱所引起的后遗症。

记住，德不配位，必有灾殃。尤其是居高位、有名有钱有势的人，只要品德出了问题，迟早有一天会摔得很惨。所以，君子爱财，必须取之有道，当取才取，不当取则分毫不取。君子用钱，必须使得其当，当用则用，不当用就不能浪费。

胡雪岩的人生智慧

贵人相助，皆因善缘

有人提携，有如神助

在家靠父母，出门靠朋友。

中国人从小就被培养建立正确的人际关系的意识。建立成功的人际关系，是中国人共同的愿望。中国人普遍相信一条定律：在家靠父母，出外靠朋友。"靠"的意思，当然是"依靠人际关系"。于是靠得住或靠不住，便成为中国人十分重视的变量。靠不靠得住，必须经过比较长时间的考验。而朋友众多，选择靠得住的朋友的概率也比较大。

胡雪岩出身穷苦，但他的事业越做越大，一个重要的原因就是他的人际关系处理得非常好。

在家里面，胡雪岩的母亲告诉他，不是一家人，不进一家门。既然成了一家人，就要有一家人的亲情，因为亲情是很宝贵、很难得的。所以他在家里，很听从父母的话，跟兄弟们的感情也都很好。胡雪岩到了外面，虽然父亲已经去世，母亲远在老家，但母亲临行前嘱咐的那句话，他时时刻刻谨记心头——在家靠父母，出外靠朋友。他把周围的每一个人都当作朋友来看待，因此人缘非常好。

当学徒期间，他没有把共事的伙计当作同事去看，而是当作朋友对待。有些人认为同事之间会彼此竞争，经常是你害我，我害你，但是朋友不会。所以，只有当他跟同事成为朋友，大家才会以诚相待，他自己也增加了很多快乐。

不光如此，他跟老板、跟师傅、跟来往的客人，也都相处得很愉快，就是因为他知道：对任何人都要尊重，都要真诚相待，都要当作朋友一般。只要两个人变成朋友关系，心态马上就不一样了。有些同事之间经常计较，该你做的你不做，凭什么推给我？可是一旦变成朋友，就会你帮我忙，我帮你忙，你能做你就多做点，我能做我也会多做点，就是这个道理。

我们不光要构建良好的人际关系，还要仔细寻觅贵人。在我们的人生当中，"贵人"是一个极富含金量的字眼。中国人最喜欢的一件事就是碰到贵人。什么是贵人？贵人就是可以在你危机关头帮你一把，给你指点的人。最典型的例子就是伯乐和千里马，伯乐就是千里马的贵人。有了贵人的提携，我们做起事来就会顺风顺水，事半功倍，就会更容易达成自己的目标。

一个人只知自己奋斗，而无人赏识，进步就会很慢。我一直认为，有人赏识你、提拔你，比你自己努力奋斗更重要。这个观点也许有人不同意，他们更愿意选择自己独自奋斗，而我则希望在我奋斗时，能有人提拔我、赏识我。但是话说回来，如果一个人自己不努力、不奋斗，没有人会赏识你，也没有人会提拔你，这就叫互为因果。

一个人不断提高自己的能力，加上有眼光，有朝一日巧觅有力靠山，彼此互利互惠，就有如神助了。先充实自己，再巧觅靠山，才有发挥的余地。不充实自己，一味等待靠山的提携，是本末倒置，不可能成功。

胡雪岩一生有两个贵人，王有龄和左宗棠。

当年王有龄穷困潦倒，根本没有人看得起他，但是胡雪岩送给他五百两银子作为启动资金。后来，王有龄当了官，一路高升，做到了杭州知府，随着他的晋升，胡雪岩的生意也越做越大。

王有龄去世后，胡雪岩又得到了左宗棠的扶持，有了左宗棠这个"靠山"，胡雪岩在生意场上无往不利，顺风顺水，赚得盆满钵满，积累了大量财富，成为显赫一时的首富。

胡雪岩先得王有龄的帮助，再获左宗棠的支持，才能够青云直上，快速地开展事业。遇贵人，自然有福气；有实力，贵人的力量才能发挥得出来。

求人不如求己。一切靠自己，总比样样依赖别人要安全、可靠得多。但是，有人相助，要比单打独斗来得轻松愉快，这也是不争的事实。何况当今世界，单打独斗能够成功的机会越来越少。有贵人协助，成功的概率才会大大提高。就好比爬山，靠自己一阶一阶向上攀登，哪里比得上有人从上面放下一条绳索，把你拉上去来得轻松、省力而愉快。

"有人好办事"这句话，可以分成上、中、下三个层次来看。对上，有人提拔，使自己扶摇直上；平行，有人依靠，替自己分忧解劳；对下，有人跑腿，把自己吩咐的事情圆满完成。这样，还有什么办不好的事情？

这上、中、下三层次的人都是贵人。空有上面的贵人提携，缺乏左右和下面的辅助、支持，成不了大业。反之，空有下面和左右的支持，找不到上面那一根提拔的绳索，那么辛苦一辈子，也成就寥寥。

上、中、下都有贵人，自己当然也就成了贵人。但是，贵人毕竟可遇不可求，而如何"遇"，就看你的修为如何了。

不要存心做什么事，否则不会有好结果。记住一句话，"有心种花花不开，无心插柳柳成荫"。在《易经》中，讲感应的卦，不叫感卦，而叫咸卦。也就是说，你要感动别人，一定不要别有用心。存心去感动别人，是无法成功的。

一般人都爱凑热闹，看谁官运亨通就围着谁，殊不知，风水是轮流转的。平常要存好心，照顾那些被冷落的人，这是你最好的机会。要认识一个人，最好是在他默默无闻的时候接近他；帮助一个人，最好是在他有需要的时候伸出援手；赏识一个人，最好是在他还没有发挥潜力的时候去鼓励他。现在一些企业设立奖学金，资助贫苦或成绩优异的学生，就是这个道理。如果企业不注重对人才的培养，而专注高薪挖墙脚，那么你挖来的人才可能很快就会另谋高就。总之，一句话，人才是要靠自己培养的，而不是去挖现成的。

当然，有一点我们也要注意。有时候在我们的生活中，你认为是贵人的人，事后才发现他其实是害你的人；你认为对你没有好处的人，才是真的贵人。

世事都有两面性。有一句话叫"恩生于害"，也就是说，从某种角度讲，有些害你的人都是你的大恩人；有些对你有恩惠的人，其实也在害你。对年轻人来讲，客气不是福气。老板对你要求越苛刻，你获利越多；老板对你越客气，你受害越深。不要以为老板对你太好，是你上辈子修来的福气。一个人没有经过磨炼，是无法成功的。就像父母教育子女一样，中国人有句话，叫"棍棒底下出孝子"，有一定的道理。当然，父母不可以随意打骂孩子，但是一定要有适当的惩罚。正所谓，爱他就是要限制他。一个老板给下属诸多限制，就是希望他们能长进。父母真的爱子女，就要告诉他们这个不可以，那个不可以。

有个人在还很小的时候，母亲对他极为宠爱，凡事都由着他，他干了坏事母亲也从不指责。有一次，他偷了别人一件东西，回家交给母亲。母亲问他偷东西时是否被人看到，他说没有，母亲就心安理得地收了，毫无责备之意。从此，他的胆子越来越大。中国有句俗语，叫"小时偷针，大时偷金"，长大后，他犯罪被判极刑。临刑前，他只有一个要求，就是要见他母亲一面。看管他的人以为他很有孝心，就网开一面，让他们母子相见。结果，这个犯人对他母亲说："我从小喝你的奶水长大，现在我快死了，我只有一个要求，想再吃一口奶水。"母亲信以为真，结果被儿子凶狠地咬掉了乳头。

这个犯人之所以这样做，是因为他恨母亲！要不是母亲在他小时候一味地纵容娇惯他，他绝对不会成为死刑囚犯。"养不教，父之过；教不严，师之惰。"如果当初教育得当，及时制止他的错误，如今他走的也许就是另外一条光明的人生之路了。

很多事情都要多方面考虑：好心经常做坏事，坏心有时会做好事。这是不争的事实。

朋友之间要互相勉励，互相择善而从，要彼此规劝而不是同流合污。朋友有错，要苦口婆心地进行规劝。有时候，你犯了一些错误，家人反而很难规劝。夫子不择善，朋友要规劝，中国人易子而教，就是这个道理。

善意待人，人人是贵人

把身边的每一个人都当作贵人看待，人人是贵人，那么一个贵人也跑不掉，如此方为上策。

人人都希望遇到贵人，但是很可惜，贵人是不会写出来的，谁的额头上都没有写着"贵人"两个字。

我们最大的遗憾，正是"当时不知道他是贵人，事后才发现原来我得罪了贵人"，这真是"自己跟自己过不去"，因而不得不承认"自己最大的敌人，正是自己"。

我们必须提高警觉：贵人并没有标志。他可能很高贵，也可能十分贫贱；他有时显得权势十足，有时却相当平庸。最可怕的是，贵人的出现，既没有瑞云、金光等征兆，也没有明显的标示，弄得大家时常错失贵人，因而抱怨自己有眼无珠，不得不怀疑自己的眼力。

"不识字"固然可怜，"不识人"尤为可悲。而不识人的最大悲剧，则产生于"不识贵人"。老天爷这么心疼我，派了这么大的贵人来帮助我，谁知一时大意，竟然把他得罪了，唉，怪谁呢？只能怪自己看不清楚！

其实，要培养好眼力并不容易。要求自己能够一眼看穿别人的无能，似乎很简单；希望自己一下子就看出谁是贵人，实在万分困难。

最有效的办法，是"把身边的每一个人都当作贵人看待"，人人是贵人，那么一个贵人也跑不掉，如此方为上策。

我们都知道，胡雪岩一生中最大的转折点，就是认识了王有龄。那么，胡雪岩的这个贵人是怎么得来的呢？

胡雪岩初遇王有龄的时候，王有龄正处于人生最低谷的时期。

王有龄是福建省福州人，其祖上都曾做过不小的官。到了王有龄的父亲这一辈，却不管怎样都不能中举，家境也就因此衰败。于是，日渐衰老的王父就把所有的希望都寄托在了儿子身上，希望儿子能够谋得一官半职，也好光宗耀祖。但是很可惜的是，王有龄也是屡试屡败，不能中举，这让王父很难过。

好在当时清政府推出卖官政策，于是王父就变卖了家中所有的财产为儿子捐了个官职。但是在当时并不是只要有钱捐了官职就能够当上官的，捐完官之后还要通过关系和金钱来进行补缺。缺补上了也还只是一个虚设的官位，要进一步地补实缺才能够成为真正的官。但是对于王有龄的家庭来说，父亲已经倾其所有，并没有多余的钱用来补缺了，于是父亲决定带王有龄从福建北上进京，准备找个合适的机会，通过关系来给儿子谋取官职。但不幸的是，刚到杭州没多久，王父就因为筹钱无计再加上水土不服而大病，于是父子俩只能暂时在杭州落脚。没过几天，王有龄的父亲终究没能熬过这场病，最终一命呜呼。王有龄由于在杭州无亲无故，钱囊又空，连给父亲下葬的钱都没有，他只好去杭州的同乡会筹借了一点钱，给父亲下了葬。

王有龄在父亲去世后变得更加郁郁寡欢，人也愈见憔悴，经常感叹上天不公。但是一想到父亲为自己一生四处奔波，最终葬送性命，他就更加想要谋取到官位，以慰藉父亲的在天之灵，但就是一直没有机会。

当时，胡雪岩还是钱庄的出店，外出办事之余总喜欢到茶馆喝茶休憩，并且他一般会去同一家茶馆。有一回，他发现对面有一位客人经常来茶馆，但是表情抑郁不堪，似乎有什么解不开的难事，而且总是一个人。出于好奇和热情，胡雪岩主动走上前搭讪，才得知此人叫王有龄。因为胡雪岩经常出入茶馆，王有龄以前也见过他，又看胡雪岩态度诚恳和善，便一五一十地讲起自己的身世来。

两个人就这样相识了。

胡雪岩当时并不知道，这个年轻人会成为自己的贵人，改变自己一生的命运，但他仍然友善地对待他，因此结下善缘。

胡雪岩的经历值得我们借鉴。不管一个人如何对待我们，我们都要以善意的态度对待他。这才能保证一个贵人也不会遗漏。

中国人习惯"由一视同仁到差别待遇"，便是不希望"对人乱下赌注"，以免押错宝，对自己不利。于是面对所有的人，都一视同仁，都用善意的态度来对待。这时候我们尚未察觉谁是贵人，谁不是贵人，只好一视同仁，给予同样的待遇。获得每一个人的良好的印象，就用不着担心谁是贵人，因为贵人一出现，便对我们有好感，自然不致拂袖而去，反而会给予我们有利的协助。

《论语》里讲过这样一个故事。

子路曰："人善我，我亦善之；人不善我，我不善之。"子贡曰："人善我，我亦善之；人不善我，我则引之进退而已耳。"颜回曰：

"人善我，我亦善之；人不善我，我亦善之。"三子所持各异，问于夫子。夫子曰："由之所持，蛮貊之言也；赐之所言，朋友之言也；回之所言，亲属之言也。"

这段话的意思是：

子路、子贡、颜回在一起谈论待人之道。子路说："别人以善意待我，我也用善意待他；别人用不善待我，我也用不善待他。"

孔子评价道："这是没有道德礼义的夷狄之间的做法。"

子贡说："别人用善意待我，我也用善意待他；别人用不善待我，我就引导他向善。"

孔子评价道："这是朋友之间应该有的做法。"

颜回说："别人以善意待我，我也用善意待他；别人用不善待我，我同样以善意待他。"

孔子评价道："这是亲属之间应该有的做法。"

人性原本有善有恶，事实上也可善可恶。一般人偏向性善，"人之初，性本善"，自己抱持善意，期待对方善意的响应，多半能够心想事成。因为中国人是交互的，你对他好，他没有理由不对你好。同样的道理，如果一开始就认定对方缺乏诚意，对方十分敏感，一下子就看出来，当然不会诚恳地回应我们，这是十分自然的事情。表现自己的善意，才能使大家对我们产生比较良好而深刻的印象，才能进一步建立关系。别人注意我们，却产生不良的印象，那还不如不让他注意。所以，我们不但需要引起他人的注意，还需要形成良好的观感。

当然，表达善意要多替他人着想，站在他人的立场，别人才可能依据交互精神，同样站在我们的立场来合理地回应。大家都将心比心，把交集的范围加大，彼此有共识，才容易沟通并且建立良好的人际关系。任何人凡事只想到自己而不考虑他人，必然被视为自私自利的人而得不到他人的支持和欢迎。

想想自己，也想想别人，合乎将心比心的原则，才能合理兼顾各方面的利益。

伸出援手，种下善缘的种子

> 人与人之间要相互了解才能产生信任，知己知彼才能立于不败之地，这是千古不变的道理。

虽然与我们打交道的人很多，但我们却不会一视同仁。中华文化中形容交情的词有很多：点头之交、泛泛之交、患难之交、刎颈之交、莫逆之交、生死之交……这些词多以交情深浅来划分，这就告诉我们，对待交情不同的人应该采取亲疏有别、差别对待的形式。

对只是认识但并不熟悉的一般人，我们仅限于礼貌性地打招呼，谈不上什么信任不信任的问题。逐渐互有交往，彼此的了解加深，成为熟悉的朋友之后，虽然也交换一些意见，但多是闲聊，毕竟交浅不言深，不可能涉及不足为外人道的话题。熟悉的朋友当中，有一些信得过的，慢慢变成好友，再进一步成为密友，这才放心商量一些私人的问题。密友经得起再三的考验，切实可以交心的，才会变成知己。

比如《三国演义》中的刘备，虽然将关羽、张飞、赵云都视为兄弟，但他对三人的感情并不同：关羽、张飞是他的结拜兄弟，三人自桃园结义开始，便亲如一家，刘备所说的"妻子如衣服、兄弟如手足"指的也就是关羽、张飞二人。而赵云的地位则不同，关羽曾说："翼德吾弟也；……子龙久随吾兄，即吾弟也；位与吾相并，可也。"一句话点明了赵云的地位，不过是因为他战功卓著，加上忠心耿耿，所以从情分上视为兄弟而已。

其实，每个人都如此，都会谨慎区分自己的知己、朋友、熟人，我们如此对待别人，别人也如此对待我们，这都无可厚非。所以，在人际交往中，我们还要掂量一下自己在别人心里是何分量。如果你和别人是知己，完全可以无话不谈，他有什么过错，你都可以委婉指出；如果你和别人只是熟人而已，则交浅不可言深，以免犯了别人的忌讳，埋下祸根。

胡雪岩与王有龄成为知己，也是循序渐进的。

在茶馆相识之后，胡雪岩经常约王有龄一起喝茶，一来为了观察王有龄所说是否属实，二来胡雪岩也想帮助他尽早摆脱这种郁郁寡欢的心情。他们在一起时间久了，相谈甚欢，关系也越来越亲近。

知道王有龄是可交之人后，胡雪岩开始真情实意地为他打算。他从王有龄那里得知，从补了实缺到官位下来需要五百两银子，当时还在做出店的胡雪岩凭自己的薪金是拿不出那么多钱的。但是胡雪岩坚信一定会有办法，他暗下决心，只要有机会，一定要想办法帮助眼前这位同龄的年轻人。

胡雪岩这么做，一方面是出于友情，另一面他也有自己的"小算盘"：他觉得王有龄并非等闲之辈，虽然现在落魄，但如果能帮他补得实缺，将来对自己一定会有很大的助力。

朋友相交，贵乎交心，也就是说，知己朋友要心意相通、坦诚相待，这离不开感情的投入，即从对方的立场去考虑其想法，以了解其感受、要求和苦恼。这种感情投入是自发的，不应计较产出，这样你才会得到许多朋友。如果你是为了获得回报才投入的，总是想着"我对你好，你一定得对我好"，那你肯定得不到他人的回馈。

人与人之间要相互了解才能产生信任，知己知彼才能立于不败之地，这是千古不变的道理。但是，要求不败，除了自己知己之外，还要让好人知己，不让坏人知己。然而，好人坏人很难分得清楚，所以不得不制造若干假象，来掩盖自己的实情。中国人通常会让自己的眼光收敛一些，不轻易流露出真正的感情。

戴上面具会拉开人与人之间的距离，完全没有面具等于赤裸裸地站在众人的面前，反而容易引诱别人欺诈或利用你。所以，我们必须要小心，有时要把弱点装成优点，有时又要把优点装成弱点，因为防人之心不可无，在没有弄清楚对方之前，以及弄清楚对方根本不怀好意之后，必须谨慎地保全自己。否则一直诚恳待人，反而为人所害，势必使自己从此对诚恳失去信心，变成一个奸诈阴险的人，这岂不是害了自己？

中国人的自保心理很重，做起事来难免"遮遮掩掩"。明明是个中高手，却装成一窍不通；看到喜欢的东西，却假装不喜欢；想要的东西，先让给别人；不想来说"要来"，说"不来"却来了。中国人在虚虚实实之间，有很多变化。有些人说中国人骗来骗去，实际上中国人多数重视诚信，不过是因为亏吃多了，自然懂得遮遮掩掩的好处。有时候中国人并不骗人，只是暂时蒙一下，瞒一时，一方面明哲保身，一方面静观其变。出发点是保护自己，而不是欺骗别人，所以也不算是什么善意的欺骗，因为丝毫没有欺骗的意思。

人与人相处，要用诚恳的态度来感动对方，这固然是不易的原则，但是实际应用起来，这种单一方式很难奏效。有时候需要"设计"一点小花样。这些花样是建立人际关系必不可少的润滑油，可以使彼此之间减小摩擦，促进互动。

胡雪岩费尽心思筹到了五百两银子，接下来便是要将银子交给王有龄。如果胡雪岩把银子直接摆到王有龄面前，然后千叮咛万嘱咐：这五百两银子是我瞒着老板拿出来的，你以后要有良心，千万要记得还我……这样还有什么意思？王有龄也根本就不会接受。

胡雪岩没有那样。胡雪岩把银票放在口袋里面，跑去招呼王有龄："我们中午吃酒去。"王有龄心想，我是个落魄书生，你是位公子哥儿，为什么一起吃酒呢？胡雪岩穿戴整齐，又有正式工作，这在王有龄心目当中已是很了不起的了。于是，王有龄说自己高攀不上，没有钱跟他去喝酒。

胡雪岩说："我请你，有什么关系？"

王有龄见他十分诚恳，也觉得不便推辞，便很高兴地一起去了。二人到了酒馆里面，几杯黄酒下肚，话自然就多了起来，也亲近了许多。有些人不了解喝酒的真正用意，以为就是你把他灌醉，他让你喝多，然后大家一起耍酒疯。如果真是这样，那怎么还能称得上"酒文化"呢？喝酒的妙处，是为了拉近人与人之间的距离。因为大家开始相互有些生疏，心里的话也都不方便讲出来。如果彼此之间话不投缘，那还怎么谈实际的事情？所以我们就借酒来拉近相互之间的距离，这样才是正确的做法。

胡雪岩见时机恰到好处了，便把银票拿了出来，直截了当地交给王有龄，然后只轻描淡写地讲了一句话："这是你做官的本钱。"

我们讲话，一定要打动对方的心，否则就是白讲了。胡雪岩的做法，相信一般人是做不到的。一般人可能会先叮嘱王有龄，银票你要小心拿好，千万不要搞丢了。其实这笔钱对王有龄来说，无异于雪中送炭，他必然会妥善保管，如果那样嘱咐，反而会让王有龄觉得自己被看成白痴一样。如果胡雪岩一再交代，你要替我保守秘密，一定不能让我们老板知道。王有龄听后可能会说，既然你压力那么大，那我干脆不要好了，因为中国人非常不愿意欠人家的人情。人情太重，宁可不要。

王有龄也不简单，二话不说，也只讲了一句话："你是钱庄的伙计，被老板知道就坏了，此事万万不可！"

又喝了几杯后，王有龄忍不住问胡雪岩："你为什么对我这么好？"

其实王有龄心里想问，你打的是什么主意？你安的是什么心？因为王有龄心里一定着急想知道，你给我五百两银子是不是想收买我？我将来如果成了你的奴隶那还得了，岂不是一辈子都逃不掉了？

胡雪岩回答得很妙："朋友嘛，你有难处我心里难过，不拉你一把我睡不着觉！"

一切都是这么轻松。两人谈得很投缘，自然而然地想到一件事情——仿效当年刘备、关羽、张飞桃园三结义，结拜成异姓兄弟。中国人碰到志同道合的伙伴，都会有结拜成为兄弟的想法，正是受《三

国演义》的影响。王有龄年龄稍长，就当了哥哥，胡雪岩便当了弟弟。

耍花样的人，很容易惹人厌恶，引起反感。但是，完全没有花样，一切直来直往也不容易受人欢迎。举个例子，有人过生日，你直接送他礼物，他会感谢，但未必感动。如果你设计一些花样，让他体验到从未体验过的事，他可能会很感动。为什么大多数女人都喜欢浪漫？浪漫不过是在适当的时间、适当的地点制造一些花样而已。

心正的人，就算花样一大堆，也称为艺术。心不正的人，如果花样一大堆，便是玩弄权术。艺术和权术只一字之差，但性质不同，艺术的基础是诚恳，否则便成为权术，成为破坏人际关系的杀手。前者以心正为出发点，后者则因心不正而做出损人利己的行为。

对待一些人，正常的方法可能行不通，那就要想点小花样，但千万不能耍花样害对方。比如，我们常说，请将不成，何不激将。激将法早已有之，即用恩威并施、刚柔相济的方法达到目的，运用得当，可以收到奇佳的效果。

对于自负的人，我们越是诚意请求，他就越发得意，不是托故拒绝，便是推三阻四，此时运用反激的方法，反而能达到目的，屡试不爽。激将的要领，在于一切为他着想，例如担心他受到伤害，恐怕他不能胜任，唯恐他受人摆布，于是便激起他的自尊心，使他非要表现一下不可。

对于老于世故的人，反激若是没有把握，可以先把他捧得高高的，再暗示他此事非同小可，而且非他莫属，让他自告奋勇。这种正激的方法，会使他很难推诿。这对于有能力而退缩一旁的人，具有奇效。

这些小花样，我们不应该排斥，否则很难彼此和谐相处。这些花样是人际技巧而非伎俩，与以诚相待并不矛盾，因为你的出发点是好的。

不过，权术和艺术，从形式上、表面上看起来几乎一模一样，以致有些人分不清楚也看不明白。有人把权术当作艺术，惹来很多反感。有人则把艺术看成权术，极力加以排斥，使得自己寸步难行，还被人视为不近人情。

我们既不能盲目排斥花样，认为凡是有花样的都属权术，也不能心术不正玩弄权术，把别人当作傻瓜，自以为聪明地耍手段、玩花样。因为这两种极端的态度，都不得其法，对自己都没有好处。

朋友之间，要有通财之义

真正的朋友之间，是可以通财的。

任何人在一生当中，都会碰到几个关键时刻，这些转折点决定着人生将来的走向。如果转折得好，那你的人生就将迎来光明的前景；如果转折得不好，那未来则会暗淡无光。有些人碰到转折的时候，往往不知道自己如何去掌握，这是很可怜的。

而胡雪岩却非常聪明地把握住了自己的人生转折点。说到这里，有些人心中会有一个疑问，当时胡雪岩只是一个小小的出店，资助王有龄的五百两银子是怎么筹到的？

我们常常讲无巧不成书，就是说很多事情会一再出现巧合，也正是这样的巧合，才使得胡雪岩有了帮助王有龄做官所需的本钱。

曾经有一家饭馆在阜康钱庄借贷了五百两银子，后来饭馆的老板去世了，只剩下老板娘自己一个人苦苦支撑，生意随之一落千丈。钱庄几次催要贷款，老板娘都说生意不好，实在没有能力偿还。后来钱庄掌柜就将饭馆告到了官府。官府传老板娘前来问案，老板娘在堂上又哭又闹，说不是自己不还，而是没有钱还，要还也要等有钱以后再说。官府见状也没有办法，把她抓起来也没用，反而会更麻烦，最后只好让他们堂下自行商议解决。外国人大小事情都要法官宣判，而中国人经常是建议当事人庭外和解，这其实是中国人很特殊也很有效的一种做法。

官府管不了，老板娘也没有钱还，一来二去，这笔钱就成了一笔死账。但胡雪岩是个有心人，他每次经过那家饭馆，都会偷偷瞄上一眼，看看生意是不是有所好转。这样过了一段时间，胡雪岩发现最近情况不一样了，饭馆的生意慢慢红火了起来，他感觉到讨账的时机来了。

一天，胡雪岩在饭馆忙碌过后走了进去。老板娘一看他来了，马上板起脸孔问道："你是不是又来讨钱了？"

胡雪岩连忙笑着回答："你别误会，我们掌柜上一次告了你，事后他也觉得心里很不安，一点点钱而已，你又不是赖账的人，所以今天特意派我来跟你道歉。"我们发现胡雪岩真的很会讲话，他一开口就讲到了老板娘心里头。

老板娘反倒觉得不好意思了，人家是来道歉的，自己却以为是来讨债的，还给人家脸色看，所以脸色马上就和缓下来。

胡雪岩马上说："我们老板特别交代，再怎么说你也是老客户，如果现在有需要，我们还可以借钱给你，而且利息也可以低一点。"

老板娘听了更觉得过意不去，说："那怎么好意思呢，原来的钱过两天我就还上，你来拿好了。"胡雪岩过了两天再去，老板娘二话不说，就把五百两银子还给他了。

胡雪岩拿到银子，马上想到王有龄眼下最需要的就是钱，现在有了这笔银子，不是恰好可以让他拿去做官吗？虽然银子是钱庄的，但可以缓一点再去报账，自己不是私吞，只是挪用一下，等王有龄补了实缺，有了银子之后再如数归还，大概老板也不会很生气。

胡雪岩这个脑筋动的对不对？这是每个人自己的选择，我没有意见。你觉得他对，也可以学他；你觉得不对，不做便是。有些人常常很喜欢分出个对错是非，需要重申的是，我们不是胡雪岩，没有权力替他说对或不对，因为每个人所处的环境、状况、价值观都不相同。

真正的朋友之间是可以通财的。通财只是朋友互助的一种形式，不要只局限于字面意思，朋友之间的各种互助形式都在通财的范围内。

我们一定要想办法深入地跟一些人交往，否则的话，就是"朋友满天下，知心无一人"，这样交那么多朋友有什么意义呢？一般的朋友叫作点头之交、泛泛之交，在紧要关头是帮不上忙的。我们要有三五个知心朋友，当你危急的时候，他们真的会仗义相助。

有些人平常不在乎有没有朋友，在危急的时候才意识到，朋友是很宝贵的。可是等到危急的时候再去交朋友已经来不及了。临渴掘井是愚蠢的行为，我们一定要未雨绸缪。宁可一辈子不用他们，也不要用的时候找不着人。假如有一天，你急需钱用，你会找谁？只要向三个人开口却无功而返，你就会心灰意冷了。

当你不需要钱的时候，也可以试着跟你的朋友借钱，看看能不能借到。一旦真的需要钱，才知道找谁借不会落空。

如果你有一大群朋友，就要自己去规划：哪几个朋友，我跟他开口借钱没有用；哪几个朋友，我根本开不了口；哪几个朋友上次跟我借钱，我没借给他们，如果再跟他们开口岂不是笑话吗？去掉完全不可能的，然后看看还剩下哪几个。这时，你可以拿起电话跟他们借钱，看他们如何回答。

你一开口他就说不行，那这个人你是借不到钱的。你一开口，他就满口答应，这个人你也是借不到钱的。中国人在"没有问题"后面常常加上四个字"从此不提"。如果对方说："你是要现金还是要转账？"那这个人就会借给你钱，不然他不会多此一问，这样的朋友就值得深交。

但事情还没有结束，等对方把钱送来以后，你要不动声色地拖几天，看对方是什么反应。如果对方第二天就急着问你什么时候还钱，那这个朋友还是很麻烦的。如果几天后他还若无其事，你就可以把钱还他，并致谢。以后，你真的需要用钱的时候，就可以找他。中国人是救急不救穷，穷人没有办法救，因为那是无底洞。连"急"都不救的话，那要这种朋友干什么？平常要跟你的朋友多进行互动，你才知道他哪些方面是值得你信赖的，哪些方面是他力所不能及的。

在人际交往中，千万不要留下遗憾。人生最要紧的，就是做到自己不后悔，如此而已。好坏是一回事，成败是一回事，只求不后悔。老实讲，有时候失败的人，反而比成功的人日子更好过。我相信各位也听过这样的故事。

楼上楼下有两家人，楼上住着大富翁，整天笑也笑不出来。楼下住的是穷人，他整天唱着歌，快乐得不得了。楼上的那个富翁就很感慨：为什么人家那么穷，还整天开心，我这么有钱，却整天苦恼？他的朋友告诉他："你想要快乐吗？那你就把钱送给楼下的穷人好了。"

富翁真的这样做了。从此楼下的人整天愁眉苦脸，不知道拿这些钱怎么办，富翁却开始笑了。

钱有很多好处，但钱不能解决所有问题。任何事情都有好坏两个方面，所以人无论相信什么，只要相信到差不多就可以了。"差不多"真正的意思是不能差太多，不能差太多就是刚刚好。凡事只要差不多就好。

懂得自作自受，为自己负起责任

> 人生就是自作自受的过程，每一个人都要替自己的所作所为，负起全部责任，承担百分之百的后果，谁也推卸不掉，别人也代替不了。

人生只有一条永远不变的定律，就是"自作自受"。长久以来，我们总把"自作自受"视为贬义，好像只有不好的结果才是自作自受。有时候，我们还会用这四个字来讽刺他人做了不好的事情，而遭受不好的恶果。其实不管结果好与坏，都是自作自受。

对任何人来讲，懂得自作自受的道理都是很重要的。坏的事情是自作自受，好的事情也是自作自受。人一辈子所有的事情都离不开这四个字。

什么是叫自作自受？一个人的过去固然已经过去了，但是一个人的现在就是他过去的点点滴滴累积而成的，这就叫自作自受。

你现在 20 岁，是这个样子，那你为什么会是这个样子？就是你从一岁开始一点一滴慢慢造成你今天的样子，跟别人没有什么关系。

大家仔细去思量，没有一样东西不是自作自受的。你吃得太多，肚子不舒服，自作自受；你不练字，字就写得难看，自作自受；你不读书，就不明白道理，自作自受；你一天到晚跟电脑在一起，人变得越来越呆，自作自受；你生病了，自作自受；你为什么突然间胖了这么多，自作自受；为什么瘦了以后带来这么多问题，自作自受；为什么脑筋静不下来，自作自受；你赚不到钱，自作自受；你赚得到钱，还是自作自受。

自作自受这四个字是宇宙间非常明确的一个因果法则，几乎没有人逃得掉。但是它不一定完全是坏的，不要认为自作自受就是坏的，它没什么好坏。

用这种观点来看，你就可以看得很清楚。我们会长成这个样子，会有这样的命运，会走这样的路，其实都是自己自作自受的结果。以前我们不了解这些，总认为这是父母的遗传，这是后天的环境所造成的。那你为什么不想想，同样一对父母生下的子女却是不一样的，同样一种环境造就的人却是不相同的。

有人因为家境很苦，就奋发图强；有人因为家境很苦，就自暴自弃。有人因为家里很有钱，就好好拿来读书，成绩很好；有人因为家里有钱，就拿去挥霍，最后害了自己。环境不见得一定会使人走上什么样的路，遗传也不一定。那什么才一定？自己才一定，这就是自作自受的道理。

胡雪岩很早就深知自作自受的道理，他之所以会把钱庄的钱挪用出来资助王有龄，也正是因为他明白这一点。

胡雪岩能够不怕丢了钱庄的工作而慷慨地帮助王有龄，是有原因的。在这个时候，胡雪岩已经是一名商人了，商人做事一定会首先想到自己的利益。胡雪岩之所以能够倾其所有地帮助王有龄，是因为胡雪岩看到了散发在王有龄身上的光芒。他知道，王有龄是一个人才，只是暂时怀才不遇，没有殷实的家境而已，一旦日后发达了，一定不会忘恩负义。再有就是，胡雪岩更多的是为自己以后的发展而打算，如果这次赞助王有龄成功了，那么这对自己日后在商业上的发展会有巨大作用。

因为胡雪岩的梦想是以后自己开钱庄，而自己做生意就一定会需要人脉，人际关系是为商的重要法宝，如果等自己开起了钱庄再去笼络人际，那样就为时已晚。胡雪岩明白，用人要早交，并且用真心交，这样才能为其所用。除此之外，胡雪岩会做出这样的选择，还基于以下几个考虑：

第一，钱庄老板对他非常信任。

如果胡雪岩收到五百两银子的死账以后，揣进个人腰包，或者自己买座小宅子住，那显然就是公款私用。但他是用来帮助王有龄，如果王有龄将来补得实缺，会使钱庄的整个业务得到更大发展，这有什么不好？就算老板知道了，胡雪岩也可告诉老板，这样做是为了钱庄，不是为他个人。以老板对他的信任，也是能够接受的。

第二，他心中有数，对自己的人际关系有信心。

胡雪岩跟同事的关系都很好，他深信即便有人知道了此事，也不会找他麻烦，不会直接跑去跟老板告状，而会先来问他为何这样做。人就怕连解释的机会都没有，胡雪岩有解释的机会，就不怕会造成不必要的误会。

第三，也是最要紧的，他良心安然。

中国人做什么事情都追求孔子讲的那句话，先问问自己的良心

安不安。胡雪岩很坦然。我们不能要求每一个人都跟他有同样的看法，因为每个人的价值观不同。但自作自受这一点胡雪岩是能做到的：自己做的事情自己承担，现在不赖任何人，将来也同样不会推给其他人。

有的人讲，人生就是赌博，赌上一把，赢了就赢了，输了就算了。真的是这样吗？不是。如果人生是赌博，那我们岂不都变成赌徒了。如果胡雪岩事先没有详细了解王有龄的情况，没有想到挪用银子被老板发现后怎么应对，没有想到被同事告密或饭馆老板娘反悔后怎么下台，那他就是在盲目下赌注。

一个人靠赌博不可能成功，因为十赌九输！

从表面上看，胡雪岩是在赌博，而且赌注很大，他赌的不只是交给王有龄的五百两银子，更是他得来不易的工作。但实际上，胡雪岩是经过认真考虑和仔细分析的，用今天的话来讲，他是有把握进行这种风险性投资的。有些人常常信誓旦旦："你投资这个项目，我保你百分之百赚钱！"这种话都是骗人的。经商不可能没有风险，而且风险越大，将来回报越高。所以，经商成功的关键在于投资者的眼光和他对风险的把握。

而王有龄敢于接受胡雪岩的资助，同样也不是冒险之举，因为他相信自己的实力，相信自己不会辜负胡雪岩的期望。王有龄非等闲之辈，他深知自己此时虎落平阳，为有出头之日，不得不从胡雪岩那里得到赞助。同时他也看得出胡雪岩心中的抱负以及在商业上的非凡才能，想必胡雪岩日后一定能有大的作为，与这样的人结交也是一件幸事。于是，王有龄收下了这五百两银子，并发下誓言，日后若能为官一定不忘胡雪岩的恩义。胡雪岩是个有着长远目光的人，他不拘小节、大义慷慨，使王有龄感到相见恨晚，也使他们结下了深厚的兄弟情义。

无论如何，我们都要时时刻刻提醒自己，人生就是自作自受的过程，每一个人都要替自己的所作所为，负起全部的责任，承担百分之百的后果，谁也推卸不掉，别人也代替不了。

认识到这一点，你就可以坦然面对人生中的所有选择。

胡雪岩的人生智慧

人我两利，则大事可成

给别人留退路，你就多条前进的路

> 损人最后一定是损己；帮助别人，最后就是帮助自己。

现代社会，很多人为了利益、为了荣誉而不断争夺，"赢"成了每个人的目标。然而，随着社会的发展和社会分工的越发精细，人们逐渐意识到，利己不一定要建立在损人的基础上。尤其在各种经济合作中，只有一方获利的局面是不可能长久维持的。

所以，一个人如果一味地放纵自己赢的欲望，以追求个人利益为唯一目标，为了一己私欲而不惜伤害他人，是注定没有前途的，最终或许只会得到众叛亲离的下场。而在为人处世时懂得共同获益的人，不但能使自己赢得漂漂亮亮，而且也能收获更多的朋友。

王有龄不负胡雪岩所望，补了实缺，成为海运局衙门的"坐办"。清朝皇帝大臣所需的粮米，均是由鱼米之乡的苏杭地区通过运河运往京城的，称为"漕运"。参与运粮工作的一班人马，称为"漕帮"。后来因连年战事，运河常常阻塞，造成运粮误期，于是朝廷下旨改漕运为海运。海运局衙门便是专为海运而设立的，"总办"由藩司兼领，相当于局长，"坐办"还算不上局长，却是实际主持工作的人。

王有龄新官上任，于公于私都很想做出一些成绩来，但他做海运的事情毕竟不是内行，所以就去找胡雪岩商议。胡雪岩本来就机敏果断，洞察事态，再加上几年社会磨炼，大小事情讲起来都头头是道。

他帮王有龄想到一计，那就是结识漕帮，跟漕帮打好关系，请漕帮帮忙。当时，漕帮的人掌握着绝大多数的粮食，而且他们与大部分粮商也都保持着良好的商业关系，所以王有龄要想从粮食贩子那里及时购买到粮食是不可能的。如果漕帮的人肯帮忙，那么运粮的问题也就得以解决，如果漕帮的人不帮忙反而从中作梗，那问题就会更加困难。而且当时太平天国闹得很厉害，对江浙一带的粮食也虎视眈眈，所以要想弄到粮食，及时地运往北边，也只有请漕帮帮忙了。

对于这一点，王有龄也意识到了。但是他刚入仕途，以前在社会上没有交好的人，对漕帮也一点都不了解，而这时候的胡雪岩又一次地提出要帮忙，令王有龄感激不尽。要想跟漕帮的人打交道并非易事，当时漕帮的人大都与江湖上的帮派有联系，绝大多数都属于黑道。中国自古以来就有"擒贼先擒王"的说法，要想跟漕帮打好交道，就要先跟他们的大首领打交道，只要跟他们的大首领有了交情，问题自然就解决了。于是，胡雪岩找了个合适的机会去拜见当时在江浙一带已经退位但很有威望的魏老爷。

魏老爷已经年过八旬，看到胡雪岩如此诚恳地替王有龄来牵线，并从他的言谈举止中发现他是一个很讲义气的人，于是就让主事的大弟子尤五来接待胡雪岩。

尤五是魏老爷的大弟子，也是漕帮的首领，漕帮内大大小小的事务均由他说了算。原本交谈的气氛还算友好，但是当胡雪岩提到朝廷正在改漕运为海运的时候，尤五便立刻愤怒了。他认为朝廷的这一举动是直接砸了他们漕帮的饭碗，于是态度变得强硬，并有不肯合作的意思。但是聪明的胡雪岩很快就又表示，朝廷的举动也是权宜之计，如果朝廷得不到粮食，漕帮也承担不起耽误运粮的责任，到时候漕运就真的有可能被废除了，所以这时候只有跟海运合作，才能保住漕帮的饭碗。

其实，尤五也早已意识到了这些，之前也有意跟朝廷合作，但是一直没有合适的机会，如今机会来了也想答应了。但是鉴于漕帮的生存需求和商人的意识，尤五认为在粮食价格上应该有所提升。其实胡雪岩也早就想到了这些，于是胡雪岩提出漕帮的粮食按照市场上的最高价卖给王有龄的海运局，并且自己的钱庄还可以给漕帮贷款。这样，面对如此丰厚的利润，尤五最终答应了胡雪岩的要求。通过这件事，尤五看到了胡雪岩身上的义气，于是决定交下胡雪岩这个朋友。

胡雪岩为什么这样做？因为他明白，如果把别人逼得无路可走，就等于给自己制造困难。

如果他开口就说，这是朝廷的命令，由不得你们想不想做，不做官府就要拿你们定罪……那样漕帮宁可鱼死网破也绝不会同他合作。胡雪岩主动让利，使得尤五的态度有了彻底的转变。所以，很多事情是一来一回的，就看怎么去拿捏。胡雪岩设身处地，为他人着想，把话说得让别人听得进去，当然能够争取到主动，这又是他很灵巧的地方。

胡雪岩促成了漕帮的买卖，保住了他们的饭碗，自己得到什么好处了呢？从表面上看，胡雪岩没有得到什么利益，但实际上，胡雪岩并非一无所获，相反，他获得的应该是最多的。一方面，胡雪岩再一次帮助王有龄渡过了难关，王有龄对他充满了感激之情；另一方面，他得到了漕帮这个新的合作伙伴，这让他在以后的商业之路上更是如虎添翼。后来，在尤五的帮助下，胡雪岩做成了不少江湖上的买卖，也赚取了相当可观的利润，这使他在浙江一带的商界上打响了招牌。

读过《易经》的都知道，《易经》中有损卦和益卦，我们常讲的损益表就是从这里来的。我们来分析一下这两卦，相信会带给大家更多启发。

先来看损卦。损卦是从泰卦变来的。把损卦和泰卦放在一起，就会发现，损卦就是泰卦的下乾损失一阳爻，去补益上坤的一个阴爻。这就叫作损下益上。

再来看益卦。益卦是由否卦演变而来的。否卦的下卦是坤卦，三个阴爻；上卦为乾，三个阳爻。现在，损掉上乾的一个阳爻，来补益下坤的一个阴爻。这就叫损上益下，就叫益卦。

为什么我们专门把这两个卦拿出来讲？就是因为这两个卦可以给我们带来很多启发。损下益上是比较容易的。有些人一直在损下益上，欺负老实人，去奉承那些有钱有势的人。有钱的人，他们都去巴结；遇上没钱的人，他们就没有什么好脸色。

所以，《易经》特别提醒我们，损下益上，就是损卦；相反，如果是损上益下，那就是益卦。一般而言，如果把有权势的人的好处拿来给予平民百姓，是很困难的。正因为这样，《易经》才把损下益上叫作损。这就是告诉我们，要小心，不要做这种事情。同时，《易经》告诉我们，如果能够损上益下，那才真是益。有人读到这里，可能会说，那我们以后就做损上益下的事情，这可以吗？当然不可以。

如果专门损上，损到最后，即使再富裕的人也会变得穷困。所以，做任何事情都得适可而止，不能过分。大家可以看到，《易经》刚刚告诉我们应该这样做，但是马上就转过头来说，不可以总是这样子。有些人一听就很纳闷，心想：这本书到底在讲些什么？怎么这么矛盾？其实，我们都知道，中国人说话也是这样，总是要把握好一个度。这就是所谓的"一阴一阳之谓道"。环境在变化，因素在改变，人怎么能不改变呢？

今天，我们动不动就讲双赢。什么是双赢？"损益"就是双赢。可双赢明明是不存在的，比如赌博的双方如果都赢钱，那钱从哪里来？他们是零和博弈，不是你占便宜我吃亏，就是我占便宜你吃亏。所以，双赢真正的意思是没有输赢，这怎么能做得到呢？

中国人很了不起，中国人为人最高的境界是什么？就是赢的人装作没赢，输的人装作没输。大家可能会问，有谁做到这点了？当然有。当年关公去攻打长沙，长沙守将是个老将军，叫黄忠。他们两个人打，关羽装作没赢，黄忠装作没输。可是黄忠心知肚明：这次我输了，是关羽手下留情，没有让旁人、让第三方发觉我被打败了而已。这就是严复先生在翻译亚当·斯密的《国富论》时所说的，损上益下不好，损下益上也不好。所以，当我们把损益两卦合二为一，就会想出很多东西来。损人最后一定是损己；帮助别人，最后就是帮助自己。从实际的状况去了解，大家会觉得损益果然是相得益彰。

损益同时存在，天底下没有只损不益或只益不损的事情。损，不是专门损人，而是损己。损己才能获益。

开公司、做生意也是一样的道理。特别是对一些老客户，我们多少会多关照一下，每次都会给一些优惠。于是，利润虽然少了些，但是顾客会多起来。会做生意的人都明白这个道理，生意都是靠常客支撑，而不是散客。

我们平时和别人交往，按照一般人的做法来看，如果我们开别人的玩笑，就是损他。其实，一个会开玩笑的人，只会开自己的玩笑，损自己，大家很快乐，会觉得这个人不错，然后他就获益。如果老损别人，谁见了都怕，最后只能害自己。夸奖别人，笑话自己，结果就不错。

满招损，谦受益。现在我们讲到损益的时候，应该把这几句话放在脑海里多领悟领悟。为什么满会招损呢？很简单。你看水缸如果装满了水，天上下雨的时候，它就装不进更多的水了。益卦的"益"字，如果旁边加上三点水的话，那就叫"溢"。就是说，水要溢出来了，这就是损失。所以，老想获得利益的人，最后是得不到利益的。如果一个人有慈悲心，有仁爱的修养，他就会舍得跟大家分享，最后获得的一定更多。

因此，修损就是增益，这是一体两面的。把自己的欲望减少，就会得到身心的健康。欲望很多，就算能够全部满足，消耗的体力必然也多，最后可能得不偿失。

所以，损益之道，一损一益，益而损，损而益，一体两面，不可分离。

义利相济，互惠互利

> 中国人的事情，其实也很简单。心里头认为互惠互利，自然就真的互惠互利。心中念着互相利用，果真就变成互相利用。

西方人不太相信义气，他们觉得义气非常不可靠，他们重法律，凡事都签合同，按约定进行。而有些中国企业，没有合同时合作得很好，要签合同时，合作反而出现裂痕。因为中国人签字的时候是很慎重的，害怕签字以后对自己不利，所以签字前必定要提对自己有利的条件，对方也是如此想法，这样二者就起冲突了。

我认为，用汉字来定契约是比较危险的，因为汉字的弹性太大，怎么解释都有道理，到最后可能只是保护了不讲理的那一方。

三国时代有那么多英雄人物，最受景仰的是关羽，因为关羽讲义气，而中国人特别重视义气。中国人自古以来就有侠义之风，路见不平，拔刀相助。当我有难的时候，寻求你的帮助，你还要定契约，还要调查，我还找你做什么？

以前的商帮在这方面做得很好，他们彼此经常联系，加深了解，增强信任。而且一人有困难，不需要开口，别人就会主动帮助，借钱不写借据都没有关系。这样，何事不能成功呢？

胡雪岩之所以帮助王有龄，也是因为义字当先。当然，这其中也有"利"的成分，而且从以后二人关系的发展中，我们慢慢也会看到，他们一直是义利相济、互相帮助的。

有了漕帮的帮忙和胡雪岩的从中筹划，王有龄在海运局的差事做得一帆风顺，深得抚台黄宗汉的赏识。这之后不久，王有龄就得到了高升的机会，被委任为湖州知府。

对于这次破格提升，王有龄自然是高兴万分。但是欣喜之余，他想到此时海运这边还没有人接应，就算将来有人接管了这个差事，也未必是件好事。因为，当时的海运是通过胡雪岩的牵线而与漕帮合作才能有粮食运往北方，如果下一位大人接管了海运，那么此事将会被揭露，不但会影响到王有龄的官位，更可能会延误朝廷的用粮。王有龄这时候不知道该怎么办才好，于是他再一次找到胡雪岩，并向胡雪岩说明了心中的苦恼。胡雪岩很快找到了解决的办法。

在胡雪岩的指点下，王有龄以海运局还有事务未处理完结为由，向黄宗汉提出就任湖州知府的同时，"兼差"海运局职务的请求，黄宗汉当然不会那么轻易就答应他的请求。这时，胡雪岩再次出手了。当时朝廷国库空虚，各省的督抚纷纷捐献饷银，胡雪岩替黄宗汉捐了一大笔银子。黄抚台见胡雪岩确实财大气粗，且王有龄也很识窍，海运局兼差一事当然不在话下。

王有龄在胡雪岩的出谋划策和大力协助之下，官运亨通，不仅当上了湖州知府，而且很快又升任为浙江巡抚。王有龄也是有情有义的人，自然会报答胡雪岩，那他到底给了胡雪岩一些什么样的帮助呢？

很简单，王有龄是当官的，当官的要收税，收来的银子不能放在官府，也不能放在自己家中，一定要放在钱庄。而胡雪岩是开钱庄的，王有龄自然会将税银放入阜康钱庄。当时钱庄替官府保管官银，是不必支付利息的，因此这些银子给胡雪岩提供了充足的资金，让他能够有更多的银子可以周转，以钱滚钱，发展十分迅速。胡雪岩和王有龄的这种合作并不是官商勾结，那些税钱依然是官府的，而胡雪岩只是利用它们来赚钱而已。

王有龄升任湖州知府以后，胡雪岩在湖州也开了一家分号，业务范围进一步扩展，生意做得越来越大。

建立关系，最要紧的是互惠互利。如果只是对自己有利，除非抓住对方的把柄，施以高压，不然很难达成协议。能够给对方一些好处，自然能拉近彼此的距离。如果是熟人，大可以开门见山，说的人够爽快，听的人很放心，所请求的事情当场就能敲定。

现代人喜欢说"敬请合作"，听起来富有平等的精神，大家站在同一水平线上，彼此合作。聪明人知道一旦讲求平等，就得不到特别的照顾，因此宁愿委屈些，说"请帮忙"。同样一句话，听的人要受用得多，至少知道"我在帮忙"，而不是合作而已。请人帮忙，要比"敬请合作"诚恳得多。

中国人的事情，其实也很简单。心里头认为互惠互利，自然就真的会互惠互利。心中念着互相利用，果真就变成互相利用。"心想事成"，一点也假不了。

人与人之间的关系，就是这么奥妙。都是一面之缘，但是所结的缘有厚有薄。有互惠互利的缘，也就有互相利用的缘。内心的感受，则有如"寒天饮冰水，点滴在心头"，自己非常清楚。

我们相信，心里想着互惠互利，比较容易产生良好的结果。而双方互相利用，到头来往往反目成仇，演变成互相残害、两败俱伤的结果，悔不当初。

一生当中，能够找到几个志同道合的朋友，大家互惠互利而不互相利用，就已经奠定了良好的成功基础。

不过，即使再讲义气，有三种忙也不要轻易帮，不是自己不够意思，而是乱帮忙有可能给自己惹祸。

第一种，没理的事情不要帮。

没理的事情，说破天也不会有好结果。在错误的道路上付出的努力越多，失败就越大。有些人为了朋友之间的义气，一时冲动犯下弥天大错，结果不可收拾，不仅没有帮到朋友，还会害了自己。

不要朋友来求助，就抹不开面子，不会拒绝，全盘答应，自己坚持正确的是非观念，才是对朋友最好的帮助。人到中年之后，要学会评估各种风险，以情感人固然重要，但更重要的是以理服人，这样才能无惧风波，站稳脚跟。

第二种，逞强的事情不要帮。

一个人的能力不是无穷无尽的，帮人的时候要量力而为。每个人都有自尊心，都好面子，但是面子不能当饭吃。逞强也要分情况，能力之内，是力挽狂澜；能力之外，是无力回天。

"示弱而不逞强，示拙而不逞能。"这句话揭示一个道理：勇于挑战会进步，总被打击会毁灭。我们需要"明知不可为而为之"的勇气，但是更需要"识时务者为俊杰"的智慧，后者才是一个人成熟的标志。

第三种，救穷的事情不要帮。

对于生活中那些穷困的人，不是不要去帮，而是必须懂得如何去帮。拿钱去救济贫困，可以解决一时温饱，但不能解决一世贫穷。有些人得到钱财的资助，反而更加不思进取，当别人不再给予帮助时，还会对恩人产生怨恨，甚至忘恩负义、恩将仇报，这让帮人者情何以堪？

救急不救穷，救难不救贫，这就是"授人以鱼不如授人以渔"的道理。真心帮助别人，就要帮助他自强自立，这才是成熟的做法，也能避免给自己惹祸。

有些忙不去帮，并不是自己不近人情，而是用更高的智慧去做善事。当然，我们还是要鼓励世人，切切为贫人算计，存些赢余以济人急难。对我们无用之物，有时能解决别人的大难，累积小善行，就是济世救人的大恩德。善心长存，一定会有大福报！

五方交游，多个朋友多条路

> 人是很复杂的，你认为能救你的人将来可能会害你，你认为与你毫无关系的人，将来可能会成为你的死敌。

中国人主张"四海之内皆兄弟也"，便是希望能广泛地结交朋友，然后从中寻找知己。就算不能成为知己，朋友也总比陌生人要好得多。

所以，我常说，做人一定要学会五方交游。"五方"指的是东南西北中，也就是说，你要结交各方面的朋友，将来有困难时，才会有人来帮助你。人是很复杂的，你认为能救你的人将来可能会害你，你认为与你毫无关系的人，将来可能会成为你的死敌。所以，人只有广交朋友，才能保证在你需要时，有人会施以援手。最可怕的是只与自己的学业或工作相关的人交往，而不接触其他的人。

五方交游，意思是不要自我设限，尽量扩大交友的范围，与三教九流的人都可以放心地交朋友。

胡雪岩发展自己的生意，除了要有王有龄这样的朋友，还要和各式各样的人打交道。他为了帮助王有龄搞好海运局的事情，结识了漕帮的魏老爷子、尤五等一些江湖人士，因为胡雪岩讲情意，重义气，跟这些人都成了要好的朋友。其实，不光是这些人，就连土匪，胡雪岩也能与他交上朋友。

　　胡雪岩眼见社会越来越乱，自己的生意又越做越大，便拜托上海一位叫古应春的朋友购买了一批洋枪，想由上海运回杭州，用以保护自家的安全。没想到半路遇见土匪，被洗劫一空。胡雪岩打听得知，抢枪的匪首叫跷脚长根，在附近的山头占山为王，但除此以外就一无所知了。

　　这时，胡雪岩想到了尤五，因为他们都是江湖人士，或许尤五认识跷脚长根这个人。尤五虽然也不认识跷脚长根本人，但是却认识他的师父。于是尤五就请跷脚长根的师父出面，让跷脚长根把洋枪还回来。跷脚长根在师父面前满口答应，说马上就归还那批枪支，师父离去后，却又矢口否认，说不还就是不还。

　　既然如此，胡雪岩便找到王有龄，说事已至此，我们该打就要打，绝对不能纵容土匪。于是官府调来官兵，将整座山团团围住。跷脚长根眼见山下全是官兵，知道自己插翅难飞，只好做破釜沉舟的打算，准备拼个鱼死网破。一时间双方剑拔弩张，恶战一触即发。

　　不过，胡雪岩明白，真要动起手来双方都会死伤不少，而且自己的枪支也拿不回来，这绝对不是上策。现在官兵这样一围，自己就占据了优势，说话的分量自然不一样了。得饶人处且饶人，他不愿看到跷脚长根自取灭亡，更不愿有更多的人因此而丧命。于是，他决定同尤五一起上山，亲自跟跷脚长根面谈一番。

　　胡雪岩见到跷脚长根，开门见山说明来意：现在官兵已将山头围得水泄不通，后面还有增援，你想跑是跑不掉了。但是你的师父特别嘱咐，说你是他心疼的徒弟，不能就这样死了。跷脚长根不禁纳闷：

这话是什么意思？

胡雪岩继续说，只要你们真心缴械投降，交出那批枪支，我可以让官府招安你们，保证山上弟兄们的安全。跷脚长根自知已无退路，有这样的机会当然要先答应下来再说。但是在招安后的细节问题上，跷脚长根又同胡雪岩纠缠起来，既要驻扎原地，又想多要些粮饷。

胡雪岩说，粮饷不是问题，可以答应，但驻地要换往别处。如果不换驻地，也必须打散队伍重新整编。跷脚长根还是不答应，说我们都是患难与共的兄弟，他们是不会离开我的。胡雪岩说，整编是暂时的，将来再调回来也可以。话说到这里，跷脚长根也就无话可讲了，但他还是不甘心就这样缴械，说我们赌上一把，用输赢定结果。胡雪岩心里想，赌我还怕你吗？双方虽然看似僵持不下，但跷脚长根其实也知道自己别无选择，他要的只是个面子而已，内心其实早已松动了。

为了能够顺利将跷脚长根招安，胡雪岩故意输给他一万两银子，然而真正使跷脚长根改变态度的，却绝非这一万两银子，而是胡雪岩的气度，胡雪岩的气度让这个土匪心服口服。就这样，一场危机就顺利化解掉了，胡雪岩不但顺利拿回了枪支，而且没有任何伤亡。

中国人深知"山不转人转"的道理，一方面力求不得罪人，以免冤家路窄；一方面则广结善缘，以便随时、随地可以找到熟人，方便办事。

所以，你除了要懂得很多社交的媒介、掌握很多社交原则外，还要多方去尝试。五方交游就是说要把你的触角伸得广阔一点，说不定哪一天你就会碰到赏识你的人。

一个人四面八方都有朋友，将来做什么事情都很方便。但这时候要小心，不要为了方便就投机取巧。建立人际关系最大的忌讳就是投机取巧，你可以随机应变，但是过度随机应变就很可能变成投机取巧。一个人最难能可贵的就是会自我节制、自我防备，没有后遗症。

一个人扩大自己的交友范围，确实存在着风险。因为隔行如隔山，你不可能很清楚别人所处的行业是怎么回事。但是，广交朋友，也可以得到很多好处，不但可以扩大见闻，增长知识，而且能够随时请教，不至请问无门。

我比较喜欢科系多、规模大的综合大学，而不喜欢专业性大学。原因很简单，比如医大的学生，他们在学校五六年时间，听到的、看到的都是和医学有关的。综合大学的学生就不一样了，有学农的、学工的、学商的，等等，大家可以探讨不同门类的东西，彼此能学到很多知识，丰富自己的见闻。专业只能让你有饭吃，而不能让你过好日子。人要吃饭就不得不有专业，可是有了专业以后，生活的乐趣就大大减少了。一辈子从事一个行当，一辈子只懂这一行，有什么乐趣？

如果你涉猎的知识很多，别人讲"商"你听得懂，讲"工"你听得懂，讲"农"你也很在行，岂不是很愉快？你永远不知道谁是自己的贵人，永远不知道将来会怎样，所以一个人一定要多方面准备才有安全感。尤其是现在，科技发展日新月异，说不定哪一天，你所从事的工作突然失去了存在的必要，那你该怎么办？

一个人在扩大交友范围时要多请教少发表意见。有一些人，虽然有很多朋友，但是他没有长进。就是因为他看到谁都拼命宣讲自己的那一套理论，这样做的话，有再多的朋友也没有用。比如，你好不容易找到一个医生做朋友，经常咨询他医学方面的知识，这样你会受益良多。如果一见面你就拼命讲自己的专业，你将一无所得。交朋友是要增加见闻的，而不是吹嘘自己。你讲得越多，人际关系越坏，因为大家好不容易聚在一起，只听你一个人滔滔不绝，那别人还有什么意思？一个人际关系良好的人会多关心别人，让别人多说话。中国有一个广泛流传的说法，说小孩子有耳朵，有眼睛，没有嘴巴。就是说，小孩子要多听多看少说话，才能增长智慧。

世界上一切的事物都不是静止的，人际关系也是一样：不是越来越亲密，就是越来越疏远；不是越来越好，就是越来越坏；不是越来越信赖，就是越来越猜疑。总之，始终是动态的。我们常说维持现状，那是自欺欺人，凡事都不可能维持现状。所以，人际关系是要经营的，经营人际关系与经营事业一样，只要一段时间不经营，就会变得冷淡。

尤其是当今社会，变动非常快，比如电话，一阵子不联系的话，就可能找不到人了，所以我建议人们要做好这几件事情：

第一，每年把号码本更新一次。最好在元旦的时候，一是比较有空，可以按照号码本上的号码一个一个地打。二是可以有个借口，打电话时说："我知道你平时很忙，不敢打搅你，现在是元旦假期，问候你一下。"碰到打不通的电话，就赶快把电话号码删掉。号码本每年要更新，它才有用。

第二，要把电话号码按地域分区。这样做，是为了你有机会去某地时，可以给当地的各位朋友都打个电话。不然的话，他们会责怪你："来到我的地方都不和我打个招呼，你眼里还有我这个朋友吗？"我在深圳有几个朋友，每次到了深圳我不去拜访他们，因为怕打搅他们，但是总会给他们一一打个电话，打不通算你幸运，这样既打了招呼，又不会给彼此添麻烦。

朋友要经常联系，但不要互相打搅。这样可以加强对方对你的好印象，使对方对你越来越有好感。

要想取之，必先予之

> 方正之士，人人称羡，敬而远之，成不了事。

"将欲取之，必先予之。"这是古往今来人们的经验之谈。想要从别人那里得到什么，就必须先给予对方一些东西。这些东西固然对他无关紧要，但你真诚的态度和慷慨的风度会打动对方。这时，你才能够轻而易举地达到目的。

所以，聪明的人会时刻存有乐善好施、成人之美的心思，用真诚博取人心，为自己多储存些人情。

胡雪岩不仅对江湖人士有一套，对其他不同的人也各有一套。王有龄接任湖州知府之前，得知湖州农民聚众闹事，便要匆忙赶去处理。胡雪岩却有不同看法，他对王有龄说，你这个时候去很麻烦，农民看到旧官离任，新官未到，趁此青黄不接的时机聚众闹事，就是要看你这个新官怎么办。你去处理得好是应该的，没有半分功劳；若是处理不好，则可能连官都被免掉。王有龄一听觉得很有道理，就想让胡雪岩代他去处理。

胡雪岩却说，我师出无名，也不行。一般人想事情，不是想到这边就是想到那边，脑筋往往不够周到。而胡雪岩想得却很周全，他告诉王有龄，你不能去，我也不能去，但有第三人可以去。王有龄这才恍然大悟，赶忙问他，这第三个人是谁。胡雪岩能够想到这些，自然早有合适的人选。他说，我知道一个人，名叫嵇鹤龄，此人足智多谋且能言善道，如果他去处理此事，定能马到成功。但是就有一点，这个人恃才傲物，刚强不屈，所以一直无人肯用他。

这样的人，我们给他两句话。一句是说"方正之士，人人称羡"。一个人既有能力，又有骨气，当然很了不起，当然人人喜欢。但是，下面还有一句话，"敬而远之，成不了事"。因为谁都不愿意跟这样的人打交道，大家看到他就会敬而远之，所以最后一辈子也成不了事，其实是害了自己。

孔子说过，"君子可欺以其方"。君子老是吃亏上当，总是为小人所害，就是因为太过方正了。嵇鹤龄就是这样的人，威胁利诱他都无动于衷，不肯出来就是不肯出来，以至于有能力却无人能用。可是胡雪岩就有办法。

胡雪岩四处打听，得知嵇鹤龄的妻子刚刚过世，他正为没有钱办理丧事而发愁。胡雪岩有没有立刻赶去吊唁，表示同情呢？没有。因为空口说白话是没有用的，但如果直接给他钱，嵇鹤龄肯定也不会接受。

胡雪岩知道，以嵇鹤龄的性格，绝不会轻易求人，但为生活所迫，一定去当铺典当过东西。于是胡雪岩就问典当行的朋友，哪一家当铺有嵇鹤龄的当票。我们常常讲"皇天不负苦心人"，只要用心，老天就会给我们很多机会。一番打听后，胡雪岩得知，嵇鹤龄果然在两家当铺典当过东西。于是他派人把钱还上，把当票赎了出来，然后拿上当票去见嵇鹤龄。

胡雪岩见到嵇鹤龄，并没有上来就说这是你的当票，是我给你赎回来的，因为这样仍然会让嵇鹤龄觉得面子上过不去。胡雪岩说的很简单，就一句话而已：这是我的伙计在路上捡到的，我怕别人看到，所以赶快给你送来了。这样一来，嵇鹤龄就知道，胡雪岩不仅给自己赎回了当品，还顾全了面子，心里自然非常感激。胡雪岩随后又帮助嵇鹤龄料理妻子的丧事，一切安排得既周到又稳妥。

　　事后嵇鹤龄问胡雪岩：你对我如此照顾，是不是有什么事情要我去做？胡雪岩说没有。嵇鹤龄不信，说你但讲无妨，只要我能够做到的，一定会尽心尽力。胡雪岩说不必着急，先把你的情绪调整好，以后再说。嵇鹤龄听到这里就更确信胡雪岩有事要找自己帮忙，又见胡雪岩这么体谅自己，连忙说，不行，那样恐怕会耽误事情。

　　最会讲话的人，是让对方把我们想讲的话说出来，而不是一个人拼命去讲给对方听。嵇鹤龄见胡雪岩仍然不肯明说，反而更加着急了，他说有事情你不必顾虑，我也不是不想做事，只是要看为谁做而已。胡雪岩见时机成熟，这才说出实情：既然这样我也不兜圈子了，别的事情我也不会劳烦你，但此事你是最好的人选。我的好友王有龄已被任命为湖州知府，但因交接前职公务，还未正式走马上任，现在湖州民众聚众滋事，所以想请你前往处理。因为王大人是个好官，我才想请你帮这个忙，如果他是个坏官，我也不会插手此事。

　　嵇鹤龄对王有龄的名声也有所耳闻，加上胡雪岩这么一说，觉得安抚民怨也算功德一件，所以欣然同意前往。胡雪岩慧眼识人，嵇鹤龄去到湖州，果然马到成功，从此二人越走越近，成了很好的朋友。

人我两利，才能走得更长远。胡雪岩在做生意的时候，正是因为深谙此道，所以他从不白白相求，而是许给合作伙伴很大的利益，甚至提前让合作伙伴获得利益。有了共同的利益追求，别人当然很愿意帮助他成事，因为帮助他成事就是帮助自己获利。

胡雪岩的成功，离不开众人的帮助，而能够获得别人的帮助，则是胡雪岩真诚待人、慷慨付出的结果。

嵇鹤龄后来告诉胡雪岩，一个人纵有天大的本事，单打独斗永远成不了大事，因为一旦事情太多，分身乏术，有再多的想法和计划都没有用。要想把事业真正做大做强，就必须要学会用人，还要用对人，使有本事的人都闻风来归，这样才能做成大事。

胡雪岩一点就透，懂得了"自己有本事不叫厉害，叫别人替你做事才是高明"的道理以后，果然像是变了个人一样。

有了嵇鹤龄的建议，胡雪岩决定只要找到合适的机会，便会发展合适的事业。阜康钱庄是胡雪岩的本业，当然必须要守好，但他知道很多事都没有必要自己亲力亲为。于是，他从自己的老同事里面，挑选出柳成祥和谭则云两个人，让柳成祥负责营运，谭则云管理财务，两人分工合作，负责钱庄日常事务，有要事才向他禀报，其余自行做主便可，于是他自己就有了精力去做想做的事情。

同样道理，胡雪岩也跟王有龄分析：海运局亏欠的账款已经补上，兼任坐办一职绝非长久之策，终究会使你分心，难以专心做好湖州知府，而且时间一长也难免会有人说闲话，需要找个信得过的人接任才是。找谁呢？他们想到了嵇鹤龄。大家不要认为这是营私舞弊，毕竟嵇鹤龄也是有真才实学的，只是为了沟通方便而已。于是，王有龄向黄宗汉举荐嵇鹤龄接任海运局坐办。黄宗汉满口答应，还说王有龄举贤有功，值得嘉奖，但人事命令却迟迟不肯发布。

胡雪岩心知肚明，黄宗汉还是要钱。可是以嵇鹤龄的性格，别说没有钱，就是有钱也不会为了谋求官职而去打点黄宗汉。胡雪岩决定替嵇鹤龄出这份钱，但绝对不能让嵇鹤龄知道，于是他用红包包了两千两银票，以嵇鹤龄的名义写上"菲仪"（谦称，微薄的礼物）两个字，送给了黄宗汉的亲信随从。三天以后，委任状果然就下来了，任命嵇鹤龄接替王有龄担任海运局坐办。这一切做得不动声色，既没有伤及嵇鹤龄的自尊，也使王有龄顺利卸下海运局职务，并换上了自己的人来承接。

嵇鹤龄就任以后，当然也听说了其中的经过，但他没有责怪胡雪岩，而是十分感谢。嵇鹤龄也已经想通了，在这样的大环境里面，我们只好委曲求全，该送的还是要送，这个我们无法改变。但是从我们开始，绝对不能接受人家的红包。

有人会问，这种情况现在还行得通吗？答案是，就算行得通，我们也不应该这样做，否则社会永远不能进步。

我们常说商人重利不重情，甚至认为无商不奸。但胡雪岩作为一个商人，却广交朋友，乐于助人。他不仅讲求信义，而且注重情意，认为帮朋友的忙，实际上就是帮自己的忙。这种话说出来不太好听，好像是要施恩图报，所以胡雪岩不这样讲，他说银子终有用完的一天，朋友才是一辈子的事情。我们可以发现，同样的意思用不同的方式去表达，听起来感受也是不一样的。我们总觉得用人要利用人性的弱点，这样其实无异于威胁利诱，是很糟糕的事情。

胡雪岩曾多次看《三国演义》，对"三顾茅庐"一段印象十分深刻。当年刘备请诸葛亮下山，如果采用威胁利诱的方式，诸葛亮根本不会理会。我们都记得，诸葛亮于草庐之中给刘备分析完天下的局势后说，我无意功名，策略已经告诉你了，你照着做就好了。如果刘备说，你不下山，那我怎么办呢？或者他威胁诸葛亮说，我这个人比较好商量，可是我的三弟张飞脾气火爆，你不下山，他一时怒起，一把火把你的房子烧掉也说不定。诸葛亮会怎么想呢？他会想，你怎么办是你的事，与我无关，要烧房子你烧便是，那样的话，我更加不会为你们这样的人卖命。刘备实际怎么说的？他说你不下山，天下的苍生怎么办？诸葛亮一下就被刘备的这句话打动了，所以就跟随下山了。

我们学历史，应该反复去做各种不同的模拟和假设，这样才能知道哪条路是对的，哪条路是合适的。胡雪岩虽然读书不多，但他学得很精，而且自己不断地演练和设想，这样才能找出一个合适的路去效仿。

自私是人的本性，孩子一出生，拇指都是往自己嘴巴里放，没有见过哪个孩子把手指给别人吃。人不可能不自私，没有必要讲得那么道貌岸然，中国历代很多假的道学实在是贻害子孙。但是人也不能过分自私。胡雪岩常常告诉周围的人，做人上半夜想想自己，下半夜想想别人。但是现在有些人，上半夜想想自己做到了，可没到下半夜就睡着了，所以从来不去想别人。

化外人为家人

> 领导者的重要工作，就是"化"，把不是自己家人的员工化成自己的家人。

如果你当领导，你最关心你的部属什么事情？

外国人最关心他的部属能干不能干、有没有能力、有没有责任感、能不能把事情做好。中国人不是，你只要重视这些东西，那你一定上当，你最后一定吃亏一定被骗，所以很多人跟我抱怨说中国人最会骗人，就是因为他学了用了西方的那一套方法。中国人当领导什么都不要计较，什么都不在乎，你只要抓住你的部属心里头，有没有你的存在就够了。

我们最在乎你心中有没有我，如果你心中没有我，你越有礼貌我越怕你，因为你一定想骗我，不然那么有礼貌干什么？你心中没有我，你对我越好我越提防，因为我最后是被你干掉的。这是西方人不太能了解的事情，所以西方人要宣誓、要保证、要签合同。这一套对中国人都没有实际作用。

因为中国人处事原则是不能用嘴巴和文字表达出来的，我不相信你会跟你的领导说，我跟你保证我心中有你，他肯定会吓昏头，心里想你在搞什么东西？

你慢慢去体会，中国有很多事情是不能用嘴巴讲的，所以我们现在学西方的沟通方法，好像遇到什么都要把内心东西讲出来，这是不对的。你要让你上面的人感觉到你心中有他，你就成了。你要让底下的人感觉到你的心中有他，他就会替你卖力。这一点讲起来很容易，做起来有难度，你一定要把中国人这些事情搞清楚你才做得到。

胡雪岩为什么能让他的手下人为他卖命？就是因为他搞清楚了这一点。

自从接手了阜康钱庄之后，胡雪岩便更加努力地经营。他在做跑街和出店的时候就已经在外面结下了广阔的人脉关系，从而为他的钱庄带来了更好的发展，这也正是胡雪岩独特的经商之道。

胡雪岩在当学徒的时候就已经从钱庄于老板身上学到了很多的为商之道，所以不管在做事情上还是在交朋友上，都很有眼光和远见。胡雪岩除了在生意上有着独特的眼光之外，在生活中也对自己的手下们很好。他深知得民心的重要性，因此对自己的手下都很照顾，比如谁家里遇到了困难，哪怕是微乎其微的小事，只要能帮的胡雪岩都会帮；手下在外面遇到麻烦的，胡雪岩也尽力帮助解围。他经常跟底下的伙计们说，祸福同当，有钱大家一起花。这种精神很让伙计们感动，所以阜康钱庄里的伙计们个个都很能干，而且不怕吃苦，积极上进，这也是胡雪岩所希望的。

他为伙计们所付出的感情投入，换取的便是伙计们对他一心一意的帮助和支持，这也是胡雪岩锦囊里面的一笔无形的巨大财富。

比起家庭，西方人更重视的是个人，因此他们是比较公私分明的，白天上班以公司为主，晚上到了自己的私人时间，他才去考虑家庭的事情。但中国人最重视的不是个人，而是家庭，所以许多人不管在什么地方，心里念念不忘的就是自己的家庭。只要家里有事情，我们在公司里面往往是不安的，为了家庭的事情，常常要请假。

我们中国式管理，就是要把家庭扩大化，扩大到让"员工以厂为家"，"化外人为家人"。只要员工把公司、工厂当作他的家，他就会把心交给企业。什么叫作家？就是我们交心的地方。

公司能不能经营得好，就看员工有没有齐心协力，是不是一条心。我们"化外人为家人"，把所有不是我们家人的员工，统统变成家族里面的人，让所有员工都认为公司就是"白天的家"，很多问题就可以迎刃而解了。因为员工只要以厂为家，自然就可以精诚团结。而我们中国人只要团结，所产生的力量是很大的。

家是小的国，国是大的家，家与国都是一样的。家是互相协助、互相激励的"利害共同体"，而不是简单的"利益共同体"，因为它不完全是利益，有害处时谁都跑不掉。我们今天太强调"利益共同体"，结果大家只想好处，不想承担坏处。一个公司所有的员工要同甘共苦，尤其是共患难，这才是真诚的表现。

大家好，自己才会好。没有国哪有家？没有家哪有个人？西方人是不会接受"没有国哪有家"的观念的，他们倒过来，认为"没有家哪有国"，因为本来是先有个人，然后才有家庭，家庭多了以后才有国家。我们中国人则认为，如果没有国家的保护，一个家庭有什么用？一个人又有什么用？

领导者的重要工作，就是"化"，把不是自己家人的员工化成自己的家人。如果你把组织领导得有如一家人，自然血浓于水，精诚团结。员工就会常常替公司着想，自然会尽心尽力，以厂为家。

我们希望员工以厂为家，首先要视员工如家人。把外人都化成家人，是管理的最高成就。

家人之间，先有合的意愿，才可以有分的念头。光想着分，那不像家人；一切都想合，依赖心太重。为了合作而分工，这就是家人的观念；为了分工而分工，这是外人的想法。只管分工，其他都不管，那就不是家人，而是外人；家人之间虽然有分工，但是一定要合作，家人与外人，就差那么一点点而已。站在合作的立场来分工，这是家人；只管分工而没有合作的概念，那是外人。

因此在自己喝茶之前，先看看别人是否需要喝茶，你就是家人；如果认为"你要喝茶自己去倒，我喝茶我自己倒"，那就是外人。特别是中国人，当你要做某一件事情的时候，一定要看看别人有没有需求，有没有不足，然后才考虑你自己。一个人有"合"的观念，你再来分，大家很愉快；一个人只会分，不会合，结果只能是众叛亲离，成为"孤家寡人"一个。

所以，在日常管理中，老板要真诚关怀员工。在工作方面，纾解他们的工作压力，改善他们的工作环境，提高他们的工作地位。老板应该为员工提供"家"一般的工作环境，让员工都以公司为家。但是，要注意一点，这里的"家"不是小家庭，老板与员工也不是父子关系，而是指家族，它是由多个"小家庭"组成的。小家庭相当于公司里的部门，而公司相当于整个家族，老板相当于族长。传统家族的族长也是很难当的，既要保证每个小家庭的利益，又要兼顾大家族的利益。如果我们把公司只看成小家庭，是没有办法管好公司的。

老板还要照顾到员工的家人和生活，关心员工的子女，考虑员工退休后的安排。一个好老板，会把人事管理、人事业务延伸到员工的家庭里面去，比如某位员工的家人生病住院，老板派人前去慰问，这样做会使员工感到很体面，深感老板的厚待，以后更努力工作。就连员工的家人也会心怀感激，全力支持他的工作。老板不要忘了，每个员工的身后都有一个家，所以不要轻易拖延发工资的时间，这样会影响员工一家人的生活。不仅如此，奖金也会对员工的家人产生很大影响。员工领到奖金后，无论是多是少，都会引起员工家人的强烈反应。

胡雪岩刚刚涉足生丝生意的时候，一位朋友给他推荐了一个对生丝十分了解的内行人。见面聊过几句之后，胡雪岩先问对方："你家里有几口人？一个月家用需要多少钱？"

对方有些不解，为何先问这些问题，便如实回答："父母妻儿一共七口人，每月二十两银子就够用了。"

胡雪岩又继续问他："一家人一年的花销大概是多少？"

对方就更加迷惑了，为什么不问生丝生意方面的问题，只问家用呢？他回答说："加上年节之用，一年差不多三百两也就可以了。"

胡雪岩听了之后，很干脆地说："那好，我一年给你五百两，你到账房把三年的工钱一起先领了吧，也让家人高兴一下。"

碰到这样的老板，部属不光人会跟了他，一定连心都会交给他，尽心尽力为老板工作更不必说。但是换作有的老板，听说对方开价二十两，先想到怎么要这么多？又盘算先让他干三个月再说，能用再给钱，不行就打发走人。这样的老板谁会死心塌地为他卖力呢？

管理的目的，就是使员工"身安心乐"。员工"身安心乐"，表示对工作和环境都相当满意，乐于在此长期努力工作，他是没有理由要离开公司的。

员工对工作和环境都满意，达到了"身安心乐"，他的情绪就相当稳定，就会专心工作，就会全力投入，工作当然很有绩效。

"尽力而为"和"全力以赴"两个词的意义是不同的。"我尽力"，其实是应付应付；"我全力以赴"，那是不顾一切地投入。如果一个领导只能做到让大家"尽力而为"，你就要小心了，因为员工会越来越不尽力。但是我们没有办法勉强一个人"全力以赴"，除非他自己愿意。员工自动自发、自己愿意全力以赴的时候，是谁都挡不住的。所以最好的管理办法，就是要细心地找出员工不安的原因，然后想办法加以改进，使员工能安，才谈得上"身安心乐"。

只有员工"身安心乐"，企业里的高层、中层、基层三个阶层才能够各得其安。我们的目标，就是高层放心、中层称心、基层热心，大家都安心。

对员工尽力地投入，不计较产出，结果是，你将立于不败之地，这就是对你的回报。

谋定而后动，思深以致远

尽人事，听天命

> 敬人者人恒敬之，敬天者天必赐福。唯有敬天祈福，才能得到上天的庇护。

生活中，我们身边总会发生一些莫名其妙的事，不早不晚，事情就在那一刻发生了。有时候是突然降临的幸运，有时候却是喝口凉水都塞牙的霉运。这些事件让人不可思议的同时，也让我们隐约感觉到冥冥之中有一股神秘的力量在产生作用。

稀松平常的、有规律的事情，只要我们积极加以思考，大概能推算出所以然来。但这种莫名的、阴差阳错的"巧合"，总让人无从思考，不得其解。似乎有只看不见的手，在安排和操控一切。

当这股神秘力量出现的时候，即使是聪明绝顶的胡雪岩也没有办法，由此可知天意难测。

1861年10月，太平军在忠王李秀成的率领下进攻浙江，很快便攻到了杭州。身为浙江巡抚的王有龄誓死保卫杭州城，但最终还是耐不住军粮的匮乏和士兵的不断伤亡，杭州城眼看着就要失守了。但是在杭州城生死存亡的关键时刻，王有龄依然不放弃，这时，他再一次想到了胡雪岩。

王有龄派人将胡雪岩找来，拿出两万两银票和两封书信交到胡雪岩手里，诚恳地说："杭州城危在旦夕，眼下最要紧的就是粮食和救兵，这些银票是委托你到上海办粮之用，还有两封求援信，拜托你无论如何都要交到江苏巡抚和闽浙总督两位大人的手中，请他们筹饷筹粮，速派援兵前来解救杭州之围。"说完屈膝而跪，代表杭州军民请胡雪岩受他一拜。

胡雪岩心中顿觉如泰山压肩，重若千钧。他一边连忙将王有龄扶起，一边说道："此事事关重大，虽然没有把握，但定当尽力而为！"说罢将求援信和银票小心翼翼地放入衣内，连夜雇了一只小船，混出杭州，办粮求援而去。

胡雪岩乘小船驶至嘉兴，被一队巡逻的太平军撞见，喝令他们上岸接受检查。胡雪岩一上岸，带头的军官就问他是干什么的，兵荒马乱的要去哪里。碰到这种状况该怎么办？他能说"我是胡雪岩"吗？谁认得胡雪岩是谁，如果这么回答，不是被一刀捅上，就是被捆绑回去。此时如何应变，就能看出一个人的机智来。胡雪岩二话不说，马上拿出十两银子，双手奉上。此来一方面是奉上银子买个和气，另一方面也是用行动告诉对方：我只是个商人而已。行动往往比语言更容易使人相信。如果不送银子，只说自己是个商人，人家会想：商人就是有钱人，你怎么还这么小气，不知道孝敬一些上来吗？可能就会恼羞成怒，一刀就把胡雪岩杀了。

那军官拿了胡雪岩的银子，照样砍了他一刀，但是有了十两银子垫底，刀下自然留了几分情面，并未砍中要害。其实这位军官砍胡雪岩一刀是有用意的，倘若胡雪岩离开后被下一班巡逻的岗哨捉住，发现他毫发无伤，追究起来，岂不是自己失职？现在砍上这一刀，万一追查起来，也有话可说：我砍了他一刀，谁又知道他如此命大能够逃脱呢？可见任何举动，都有前因后果，都有来龙去脉，不会无缘无故。

胡雪岩在人群中趁乱逃脱，跑出老远后，见太平军没有追来，这才发觉手臂血流如注，痛得几乎昏死过去。他忍痛将衣服扯成布条，自己包扎好伤口，不敢停留，继续赶路。胡雪岩苦撑了一日一夜，终于赶到松江找到了尤五。尤五一见他这副模样，大吃一惊，已经整整一天没有进食的胡雪岩，此刻连说话的力气也没有，一下瘫倒在地。

吃了几口热饭，处理了一下伤口，胡雪岩这才有了几分气力，于是向尤五说起杭州的情况。他对尤五说，我现在要买米，而且无论如何要把米运回杭州，不然对不起王公的嘱托。尤五等人对胡雪岩自然没有二话，很快就凑齐了粮米，沿途安排漕帮朋友一路护送，运粮的船队先走宁波海道，后从南钱塘江转水路向杭州一路驶去。到了钱塘江就离杭州城不远了，但是城外的太平军已将杭州围了个里三层外三层，且城内的官军根本无力突围接应，眼看杭州城就在近前，胡雪岩却无法将粮食运抵城中。

杭州城最后还是被太平军攻破了，王有龄上吊而死，以身殉职。消息传来，胡雪岩一时万念俱灰，悲痛欲绝。此时他内心纵有不甘，却也无回天之力，只能在船头遥望北岸，洒泪叩拜，然后掉转船头，向宁波驶去。

天意不可测，不可违，怨天尤人不是明智之举，所以孔子才说

"尽人事，听天命"。

人只能尽力而为，最后的结果无法掌控，只能听天由命。既然这股神秘的力量这么强大，怎样才能得到它的护佑呢？

我们中国人只要事情做得顺利，第一个反应是什么？一定是谢天谢地。敬人者人恒敬之，敬天者天必赐福。唯有敬天祈福，才能得到上天的庇护。

那要怎样敬天祈福呢？我们首先要对天虔诚地表达敬意，表现在三点：

第一，我们要顺从大自然的规律。因为天就代表大自然，人活在大自然当中，首先要做的就是服从大自然的规律。

第二，我们敬天，就是表示这辈子要顶天立地。因为天就包括地在内，皇天和后土是连在一起的，所以我们敬天其实是敬天地。我既然活在天地之间，就尽量做一个顶天立地的人，一个光明磊落的人，一个君子。我的这份心意要怎么表达呢？就是向上天表达。

第三，要了解中华文化是与时俱进的。现如今，我们活在当下，活在这个不同的时代，也要表明自己的心意，要尽心尽力为社会服务。

总之，天地广大，世间很多事情我们都还解释不清，我们看不到真相，只能无限接近真相。

冥冥之中的神秘力量，就像道一样难以言明，却又时刻存在，一切机缘巧合都和它有关，这就是历史规律。人生天地之间，实为渺小，如何安身立命，唯有敬畏天命，敬畏这股神秘的力量。

牢记，天道无亲，常与善人；自天佑之，吉无不利。

事事凭良心，行善积德，尽人事，听天命，力求天人合一，敬天以祈福，老天也才会降福给我们。

未雨绸缪，方能事半功倍

> 人要做事，一定要未雨绸缪，一出手就命中，这才是中国人的高明策略。

中国人做任何事情，事先都想到四个字——未雨绸缪。

就是说雨还没有下的时候，就要想到下雨时怎么办，而不是等到雨下起来以后才去打算，那就是临时抱佛脚了。现在有些人学习西式管理，觉得计划管理很时髦，其实中国人早就说任何事情没有计划是不行的，一定要先把计划制订好，看看可行不可行，然后再开始行动，这就是我们常说的谋定而后动。胡雪岩做事不是讲出去以后才开始行动，支票已经开出去了，如果是空头的怎么办？他都是提前就把事情筹划好，胸有成竹，然后才说出来。一个人，有把握再说自然就有信用；没有把握却拼命说，最后一定完蛋。

众所周知，胡雪岩是因为结识了左宗棠，才一步步走上人生巅峰，最终名满天下的。那么，胡雪岩是如何与左宗棠建立起合作关系的？秘诀就在于，在与左宗棠交往之初，胡雪岩就做好了万全的准备。

虽然王有龄已死，胡雪岩心中却牢牢记着王有龄死前交代给自己的任务。离开杭州后，他四处打听军队。后来他听说左宗棠率领的楚军要进军浙江，解救杭州，于是他便去拜访左宗棠。

如果胡雪岩就这样冒冒失失去拜见左宗棠，必定以失败而告终，也就没有后来的故事了。为什么这么说？左宗棠既然要收复杭州，肯定要了解杭州的情况，因此对王有龄和胡雪岩的事情就留意起来。当时有人出于对胡雪岩的嫉妒，趁机诬陷，说王有龄给了胡雪岩两万两银票和两封求援书，让胡雪岩出城办粮并乞求援兵，胡雪岩一件都没有办成，拿着银子跑掉了，还说胡雪岩趁乱为非作歹，营私舞弊。

左宗棠听到这样的传言，自然对胡雪岩印象很坏，因为他平生最痛恨这样的人。

无论做什么事，都要在最开始的时候就未雨绸缪，如此才能事半功倍。

当你看到一个人的时候，首先会对他有个初步印象，这就是我们常说的第一印象。第一印象很重要，因为它会影响我们对一个人的判断。大部分人都是凭第一印象来决定他是否喜欢一个人，甚至有些年轻人凭第一印象来找自己的终身伴侣，即所谓的一见钟情，结婚后才发现彼此根本不适合，结果只能草草结束婚姻。

在现实生活中，千万不要用第一印象来论断一个人，这是很危险的做法。因为外表看起来很忠厚的人，内心可能非常阴险；外表看起来很聪明的人，实际上很可能是个草包。外表不能够代表人的全部，只凭第一印象判断别人，这种做法太武断了。

胡雪岩既然打算去见左宗棠，自然就要先打听清楚他的脾气秉性，绝对不能贸然前往。所以就有朋友告诉胡雪岩，左大人脾气暴躁，嫉恶如仇，而且有人在他面前打你的小报告，说你将王有龄委托买粮的银子据为己有，左大人信以为真，对你的印象十分不好。现在你去见他，肯定是凶多吉少，一句话说错，弄不好连性命都会丢掉。

此时，胡雪岩也很无奈，给左宗棠留下这样的第一印象，非他所愿，这不是他能选择的。即便如此，胡雪岩还是认为自己必须要去见左宗棠，因为这是完成王有龄遗愿的唯一办法。人在该冒险的时候，就是要鼓起勇气去面对实际的状况。但是既要有勇气，也绝不能白白送死，那样是无谓的牺牲。我们常常觉得英雄就是要不怕死，其实不怕死的结果只会是死得快，那是鲁莽，不叫英雄。英雄要爱惜自己，留得有用的性命去做更大的事情，这才是真正的英雄。如果要问人该不该怕死，那答案是要合理地怕死，不能过分怕死。需要死的时候就要慷慨赴死，不必死的时候就要爱惜生命，让自己的生命更有价值。

一番周密考虑之后，胡雪岩认为首先要消除左宗棠对他的误会，否则任何事情都做不了。于是，胡雪岩将王有龄交托的两万两银票用信封装好，准备一见到左宗棠就先呈上去。但再一想，胡雪岩又觉得，此时左宗棠最需要的应该不是钱，而是粮食和军火。但是如果筹备军火，难保不会再产生误会。胡雪岩思虑再三，认为还是送粮食最为稳妥，所以又买了两万石粮食，准备作为军需送给左宗棠。

准备妥当之后，再去拜见左宗棠，一见面，银票奉上，粮食奉上，一定比说什么都有效。胡雪岩考虑得很周全，后来事情的发展也证明他的想法是对的。

打定主意后，胡雪岩吩咐人将粮食装到船上，打算去拜见左宗棠。左宗棠手下有一位部将叫王德榜，曾经与胡雪岩有过一面之缘，所以临近左宗棠军营时，胡雪岩就沿路打听，希望能够找到这位王将军，由他引见去拜会左宗棠。俗话说，熟人好办事，不见得只有营私舞弊的事情才需要这样，因为熟人见面最起码有三分情面，彼此有些了解，说出的话对方才比较容易听进去。

功夫不负有心人，胡雪岩终于打听到王德榜果然跟随在左宗棠左右，于是胡雪岩赶紧吩咐粮船向王将军的驻地驶去。还未到军营，巡逻的哨兵远远就望见了胡雪岩的船队，大声问，来者何人？胡雪岩闻声赶忙站到船头，大声回答说："我是做生意的。"兵荒马乱的，到军营边上能做哪门子生意呢？哨兵心想，于是又问，船上装的是什么东西？胡雪岩回答说，这是献给左大人的粮食，特先来求见王德榜王将军引见。

哨兵听说有人来送粮食，立即回禀给王德榜，同时招呼胡雪岩停船上岸。因为一来胡雪岩能够叫出王德榜的名号，而且王将军对他也有印象；二来内行人都知道粮食很重，又见胡雪岩的船的确吃水很深，所以才不会怀疑。

胡雪岩如果没有做好这些准备，只是蒙头乱撞，两军阵前，又是大战在即，被当作奸细捉住砍头也说不定。所以，我们要自己找到行得通的路，而不能事事坐等老天爷的帮忙。

王德榜见到胡雪岩后，便径直带他去往总督堂部，一番通禀之后，胡雪岩就被带进后堂，终于见到了左宗棠。

人要做事，一定要未雨绸缪，一出手就命中，这才是中国人的高明策略。如果胡雪岩在一开始没有进行认真考虑和充分准备，恐怕事情的结果就完全不一样了。

我们常说，机会是留给有准备的人的。人生需要沉淀，生活需要积累，幸福需要拼搏，没有天降的幸运，只有努力的成功。一件事，有准备和没有准备，完全是不同的。有准备的人，往往能顺风顺水地做好事，省时省力，事半功倍，即便不成功，付出的代价也小。一个没有准备的人，往往很艰难，费时费力还做不好，即便成功也需要付出很大代价。

古话说："三思而后行。"也就是说，做事之前，要先思考，做好准备后再行动。做事需要有勇气、闯劲，但不能太过莽撞，提前做好准备，对做事是有百利而无一害的。

通晓人情世故，说话恰到好处

> "看"话不能单凭一双眼睛去看，还要动用"心眼"，才能够真正看清楚，才能领悟"话中的话"，以及"话外的话"。

胡雪岩的一生给我们一个重要启示——反应要机灵。这就叫作灵光。所以胡雪岩的成功，说起来很简单，就得益于他很冷静、很机灵，而且敢当机立断。

一个人反应灵不灵，看什么？看人情世故熟练不熟练。凡是人情世故很熟练的人，一定是很机灵的人。我们中国人的这个人情世故是磨炼了几千年的，不像外国人，外国人是有话直说。有话直说，在有些情况下，就是不懂人情世故。

人情世故熟练的人反应很灵光，能立即做出判断，帮助自己抓住机会，获得成功。而人情世故不熟练的人，反应有时候快有时候慢，有时候好有时候不好，天天在后悔。可见，人情练达对一个人的成功是非常重要的。

胡雪岩见到左宗棠，马上恭敬得体地上前请安："浙江候补道胡光墉参见大人。"王有龄在任浙江巡抚的时候，给胡雪岩捐了一个三品的虚衔，所以胡雪岩自称"浙江候补道"。

左宗棠打量了一下胡雪岩，问道："你不是胡雪岩吗？怎么又叫胡光墉呢？"

胡雪岩赶紧回答，说自己本名是叫胡光墉，之后取的字号叫雪岩。

左宗棠听后不冷不热地说："听说你是王中丞手下的一名能员，很受王中丞的器重啊。"

这句话是好话还是坏话？当然不是什么好话。胡雪岩当然听得出来，这并不是溢美之词，于是连忙跪倒在地说："胡某只是为王大人做了点儿应做的事，盛名之下，其实难副，左大人明鉴。"胡雪岩好歹有个虚衔在身，本来是不用跪的，可这种情况之下，哪里还能讲究那些，先跪下再说。

不了解中国人的人觉得我们很难捉摸：我明明听懂了他的话，他怎么还是不高兴？其实，中国人最要紧的还不是讲话，而是听话。一句话说出来，善意恶意分不清，弦外之音听不出，那就糟糕了。做人做事，要先学会听话，然后再学讲话。可现在有的人是连话都听不懂，就拼命要去讲话，这就更是糟糕透顶了。

中国人说的话通常包含很多意思，听懂了表面意思却常常听不懂言外之意。有时候，中国人不说话，只是一个眼神、一个动作就包含了很多意思，这当然需要彼此的默契。如果没有默契，要搞清楚中国人到底在说什么，确实很难。

中国人南腔北调，就算大家都说普通话，也很难保证彼此听得懂。勉强听懂，也未必弄得清楚他的真正用意。指鹿为马的故事大家都熟悉，人们把"指鹿为马"理解为"不明是非、颠倒黑白"，其实很不恰当。赵高只是借此试探一下自己在朝廷的权势如何，其真正的话意是："你们是服从秦二世，还是服从我？"我们嘲笑群臣不分黑白，其实他们才是真正听得懂话意的人。

有一天，我搭出租车到某地。由于大路发生事故，所以司机改走小路。但小路蜿蜒曲折，司机不太熟，越走越觉得没有把握，便停下来，问路旁边一位老先生："请问我要到某地，该怎么走？"

老先生气定神闲，不慌不忙地回答："有路就可以走，多问几次就会到。"

这两句话，叫人听了觉得十分有道理，同时又觉得摸不着头脑。

司机表示感谢，很有信心地向前驶去。

我觉得很纳闷，问他："你知道怎么走了？"

他说："知道。有路就可以走，表示我走的路是对的。如果我已经走错了，他会把手一扬，然后指向正确的方向。现在我走对了，他不必举手，所以说有路就可以走，告诉我顺着这条路一直走下去。多问几次就会到，意思是后面会有几个比较复杂的岔路口，那时候一定要问路，不要乱闯。"

经他这么一解释，我才恍然大悟。原来中国话如此简单明了，两句话就可以交代清楚，但听者必须动脑筋才能听懂。现在有些人只听不想，以致听不懂中国人所说的话，实在是一种遗憾。

中国话很不容易听懂，才是我们真正的难处。中国人要人家不要"听"话，其中含有"中国话不可以用耳朵听"的意思，必须特别小心。

"不要听他的"，包含"不要听他的话"，也包含"不要单凭耳朵听他的话"的意思。中国人很少说"听他说什么"，反而常常告诫我们要"看他怎么说"。也就是说，中国话不适合单用耳朵听，应该配合眼睛看。中国话听起来含含糊糊，"看"起来清清楚楚。中国人不喜欢啰啰唆唆讲一大堆，只喜欢简单明了，短短一两句话，含意很深，所以"看"了之后，还要多想。如果不用心想，还是弄不清楚中国人的话意。也就是说，"看"话不能单凭一双眼睛去看，还要动用"心眼"，才能够真正看清楚，才能领悟"话中的话"以及"话外的话"。

　　左宗棠见胡雪岩听明白了自己的意思，于是就脸色一沉，说道："既然你为王中丞做了不少善事，为何有人说你营私舞弊，为非作歹，依仗官府之势发了大财？"

　　胡雪岩对此早有准备，说："胡某是个商人，只知奉公守法，不敢为非作歹，更无营私舞弊之事，只是受王中丞知遇之恩，或许处事不辞劳怨，可能得罪了一些人。今日来见大人，是因为有一事辜负了王中丞所托，特向大人请罪。"

　　左宗棠问："你何罪之有？"

　　胡雪岩一看有说话的机会了，心里就沉稳了许多，便将王有龄城破之前托付的事情，以及受命办粮的经过细细地说了一遍。然后拿出装有银票的信封说："这是当初王大人交给我的两万两银票，如今面交大人。"

　　虽然左宗棠没有去接，只让一个管事收下银票，但胡雪岩心里还是长舒了一口气，一桩心事算是了结了。然后他又说："我是受王中丞所托，结果粮食没能运到，不能算交差。"

左宗棠不知下文，不免有些疑惑。

胡雪岩接着说道："听说左大人要收复杭州，所以我备了两万石粮食以供军需，现在粮船就停泊在江面，请大人派人验收。"

左宗棠听了更加意外，问道："两万两的银票你已经交还了，怎么又运来这么多的粮食？如此破费，你的目的是什么呢？"

胡雪岩态度诚恳地说："小人并无所图，如果说有，一来是履行王大人生前所托，二来是感谢大人解救杭州百姓的大恩。"

左宗棠对此还是有所怀疑，他试探胡雪岩说："我上奏朝廷，这些粮食就算作是给你补缺的银子吧。"

胡雪岩听到这里，内心的紧张情绪更加缓和了。他笑了笑，一字一句地说道："大人栽培之恩，雪岩十分感激。只是雪岩是个生意人，一生只会做事，不会做官。"

胡雪岩的这一句话，彻底打动了左宗棠的心。因为左宗棠一生自问就是这样的人——只会做事，不会做官。他想不到眼前这个商人，居然和自己一样，有这么大的抱负！此刻，左宗棠感觉如遇知己，当然十分高兴。

胡雪岩为什么说自己"只会做事，不会做官"？当然是因为他知道左宗棠喜欢听这样的话，于是投其所好，奉承左宗棠。胡雪岩来见左宗棠之前，是经过一番详细了解和充分准备的。为胡雪岩打听情况的朋友，除了替他了解到左宗棠的脾气倔以外，还告诉他左宗棠一向以"只会做事，不会做官"为自己的信条，以胡雪岩处世的经验，再加上用心谋划，自然知道应该如何应对。

胡雪岩这样做，是不是一个"马屁精"呢？答案是绝对不是。胡雪岩如果上来就说，左大人你英明神武，简直就是当世的圣人，那左宗棠一定是会翻脸的。因为这样的话一听就是言过其实，就是溜须拍马。无中生有的夸大奉承与挖苦嘲笑没有什么两样，没有人会愿意听。胡雪岩如果那样说，只会让左宗棠觉得他果然是个奸佞之徒，想必别人说过的那些话都是真的，说不定马上就把胡雪岩推出去砍了。而胡雪岩讲的是事实，左宗棠最喜欢的话也正是这句。胡雪岩讲得恰到好处，虽然闻起来有些拍马屁的味道，但句句都是实话，所以当然不能说他是马屁精。

中国人是不喜欢马屁精的。总有人认为中国人喜欢拍马屁，拍马屁就能成功，这是绝对错误的。这种说法是用来骗人的，千万不要信以为真。一旦相信拍马屁能成功的话，就会走上歧途。

我们要特别小心自己的耳朵，因为它只喜欢听悦耳的话，不愿意听逆耳的话。其实，我们并不了解自己的耳朵。一个人出生以后，耳朵就开始慢慢退化。有些人职位低的时候，什么话都要听，不听就会挨骂；职位慢慢高了以后，就只听自己喜欢听的话；到最后，什么话都不听，唯我独尊，变成孤家寡人。

喜欢听好听的话，而不是真实的话，这是人最大的毛病。所以，我们讲话的时候，如果不加上适当的恭维，对方根本听不进去。你讲的话首先要让对方听得进去，否则就是白费唇舌。对方听不进去，你的话再对、再真实也没有用。

恭维话是不是等于奉承话？如果是的话，岂不是人人都是小人。恭维话不等于奉承话，一般人把这两种话混在一起，分不清楚，以致产生严重的误会，认为吹牛拍马是成功的必要条件。

成功的人，实际上不吹牛也不拍马屁，却装得像吹牛、拍马屁一样，即用吹牛、拍马屁的形式，也会说出有根有据的实话。忠言逆耳，而奉承话又十分危险，容易被对方听成挖苦话。现在把忠言逆耳和奉承话统合起来，说出一番有事实根据，能让对方听得进去，而且听起来很受用的恭维话，才是有效的途径。

当然，恭维人家也要适度，你把人家捧得太高，连他自己都不相信，那有什么用？说恭维话与拍马屁是不同的，举个例子，当你的主管讲完一句话，你马上说："这样做最好，这真是明智的决定。"这不是拍马屁是什么？所有人都认定你是在拍马屁，连你的主管都会觉得不自在。但是，当你的主管讲完话，你稍微停一下，经过思考以后说："这么一来，我们所有的问题都解决了……"你这就是在恭维别人，因为你说的是事实。你一拍马屁，所有人都坐立不安，全身发麻，那不如不拍。

经得起严格考验，才能出人头地

🌀 一个人要经过非常严格的考验，才可以完全相信他。

怎么才能真正了解一个人？算八字一定不管用，靠眼睛观察也不一定准确，最好的办法就是给他一些考验。

胡庆余堂的关门弟子、青春宝集团董事长冯根生先生在谈及自己当初学徒生涯的时候，讲述了这样一个故事：他当年好几次在胡庆余堂的地板上捡到散落的银圆，每一次都诚实地交给了师父。师父当时也不多讲，只说你很诚实，就把银圆收了回去。直到师父临终时把他叫去，才告诉他其中的秘密。原来银圆每次都是师父故意丢在地上的，看哪一个徒弟会捡到，有没有诚实地交上来。

我们要记住，人要经得起考验，再加上两个字，人要经得起"严格"的考验，才能够出人头地。

胡雪岩博得左宗棠的信任，也经过了接二连三的考验。

胡雪岩一句话扭转乾坤，使得左宗棠彻底转变了对他的看法。眼看已到饭时，左宗棠便邀请胡雪岩和他一起用饭。胡雪岩连说不敢不敢，虽然左宗棠的态度已经改变，但此刻胡雪岩毕竟还没有十足的把握。

胡雪岩在那里连声说不敢，左宗棠讲了一句话：来吧，就算你陪我吃好了。胡雪岩这才确信没有问题，与左宗棠一起入座。如果左宗棠这样说了，胡雪岩却还是一味说不敢，相信左宗棠也不会有什么好脸色。很多事情，一个反应没有抓对就会错失机会，这只能怪自己，怪不得别人。

二人落座以后，左宗棠跟胡雪岩讲了一些看似无关紧要的事情，其实是在进一步考察他的反应。一顿饭吃下来，左宗棠这才认定王有龄没有看错人，胡雪岩的确是个好助手，可以托付重任。所以左宗棠当时就说："军队现在急需粮食，希望你能替我置办，但不知浙江粮米现在什么价格？"

又是一个考验摆在了胡雪岩的面前！

胡雪岩敢跟左宗棠有话直说，告诉他现在市面上粮米是什么价格，然后说我是生意人，多少要赚些利润吗？当然不敢。

胡雪岩的反应是何等之快，学徒时候练就的心算本领这会儿派上了用场，他在心里把人工、车船费用和该赚的利润都加了上去，然后跟左宗棠报出了一个合理的价格。

胡雪岩这样考虑也无可厚非，不然他就不是生意人了。因为战时的粮价只会涨不会跌，今天一两银子一石，三天以后就会变成一两五一石，下手再慢些，二两银子一石也有可能。倘若胡雪岩现在说一两银子一石，左宗棠马上照此价格拨付银两让他置办一万石，那他不是死定了吗？胡雪岩拿了银子以后再说钱不够用，那以后还怎么能跟左宗棠继续相处。所以胡雪岩要预估粮米涨价的幅度，再加上需要的费用，也是情理之中的事。

胡雪岩报出的粮价合情合理，左宗棠也没有话说，于是置办军需物资的事情就陆续落到了胡雪岩的头上。

有些人觉得孔子好像是只讲义不讲利，这样的认识其实是有偏差的。孔子从来没有说不能讲利，也没有禁止他的学生经商做生意，儒家思想讲求的是义利相济。只要利从义来，我们从不反对。合理的利润就应该拿，不拿反而不对，因为那样就没法长久合作下去了。如果胡雪岩每次为左宗棠办事都往里搭钱，那他迟早会赔得身无分文，还有什么能力配合左宗棠呢？让人牺牲一次两次是可以的，但要长期牺牲就不合理了。我们看事情应该有这样的视角。

中国人讲究阴阳思想，任何事物都有阴有阳，商人也是如此。一种商人是把利益摆在中间，把道义摆在两旁。诚实守信只是嘴巴讲讲，一旦与自己的利益有了冲突，道义就统统抛在脑后了。这就叫唯利是图，没有人看得起，所以我们才会有一句流传很广的话——无商不奸。孔子说"三十而立"，其实并不是说30岁就要立业，而是说30岁要立定一辈子为人处世的原则。有了正确的原则，然后又能坚持不懈，才会有事业的发展。胡雪岩从自己30岁的时候就立定志向，这辈子既然从商，就要做一个把道义放中间、利益摆两旁的商人。该赚的钱一定赚，但是违背道义、不顾信义的钱绝对不能要。

胡雪岩正是秉承这样的理念，运用合理的沟通技巧和方式，转变了左宗棠原本对他的不良印象，取得了左宗棠的初步信任。

胡雪岩没有上过几天的学，为什么懂得这些道理？可见，很多道理不是学校能教的，不是书上都有的，完全靠自己的领悟能力。"悟"字拆开来，一个"吾"，一个"心"。一个人要自己常常想，要从自己的内心得到一些启发，懂得一些道理，这样才会真正有所得，才会在生活中真正去践行。

左宗棠对胡雪岩的考验到此结束了吗？当然没有。

中国人要考验一个人的人品，透过三种事情就可以摸得一清二楚。以前女儿要嫁人，老丈人怎么考验准女婿？第一个，喝酒。把他叫到家里来，跟他喝酒，酒后自然就会吐真言。第二个，打麻将。没上麻将桌之前，谁都会讲钱财乃是身外之物，输赢无所谓，但是手一摸牌，脸色就变了，两圈不开和就急眼了，你就知道这个人是根本经不起考验的。第三个就是下棋。看他怎么下棋，就能知道这个人的涵养有多高。左宗棠喜欢下棋，他有事没事就把胡雪岩叫来下象棋。

胡雪岩象棋下得非常好，可以不用棋盘，直接下"盲棋"。能够达到这样的水平，除了需要超强的记忆力，棋艺水平也是可想而知的。

一个人下棋，只知道输或者只知道赢，都是没有智慧的表现。总是输，没有人愿意跟他下，因为跟一个"臭棋篓子"下棋根本没有乐趣可言，对提高自己的棋艺也毫无帮助。总是赢，也不会有人跟他下。有时说某个人棋艺高超，没有敌手，没有敌手换种解释就是找不到和他下棋的人。一句话可以有好多种解释，就看你怎么去理解。

跟左宗棠下棋，胡雪岩该怎么办？如果他总是故意输给左宗棠，左宗棠也不会有兴趣继续和他下：连棋都下不好，你胡雪岩还能做什么？但是如果总是赢左宗棠，当然也不合适，因为换成谁，脸上也会挂不住的。

胡雪岩跟左宗棠下棋的时候，从来都是执黑子，一定把红子让给左宗棠，胡雪岩这么做就表明了他对左宗棠的尊重，这也是一种基本的礼节。开局以后，胡雪岩总是先紧后松：刚开始寸步不让，步步紧逼，但到了将要分出胜负的关键时刻，他一下子就将步子慢了下来。这样左宗棠心里就知道：你的棋艺很高，但是你给我面子，当然就很高兴了。

有一次，二人摆好棋子还未开局，左宗棠突然吩咐士兵取来钉子，将自己的红"帅"钉死在棋盘上，然后问胡雪岩："你知道我有何用意吗？"胡雪岩欠身说不知道。左宗棠笑着说："你知道，你是不说。没关系，说来听听。"

胡雪岩这才说："您恐怕是在拿棋局说战事，棋盘就是战场，这个老帅现在就是杭州城，它固定不动，只要扫清四周，收复杭州城就指日可待了。"

左宗棠听了，很高兴地说："好，只要你能让我的老帅动一下地方，我就算你赢。"

什么是真聪明？就是明明聪明，反而装成不聪明的样子。愚笨的人没有人喜欢，但是处处表现自己聪明的人，同样不会有人欣赏。像胡雪岩这样明明聪明，但是从不随意外露的人，才是真正的聪明人。

左宗棠从这些方面慢慢感觉到，胡雪岩下棋时表现这么好，做起事来也应该会考虑得很周全，于是就更加信任他，慢慢把越来越多的事情交给他去做。而无论多么难办的事，胡雪岩总能想办法办妥，因此越来越得到左宗棠的信任。

胡雪岩一直坚信，除了自己努力之外，还要有贵人相助才能成

功。他把人人都看不上的落魄小子王有龄当作贵人，终于引出了真正
的大贵人——左宗棠。

能不能因此就说胡雪岩很幸运呢？我们说，胡雪岩一方面确实是
越来越幸运，但另一方面他也是越来越接近危险。之前胡雪岩跟王有
龄交往，除了在公开的场合做做样子，私下的时候都是平起平坐的。
因为他们既是好友又是兄弟，两个人即便意见相左，大不了拍桌子骂
一骂就算了。但他跟左宗棠在一起，却绝非这么简单。左宗棠跟王有
龄毕竟是不同级别的人，胡雪岩跟左宗棠也没有像与王有龄那样的感
情基础，所以胡雪岩见到左宗棠，都是乖乖站在一旁，恭恭敬敬地小
心应对。一个人得到机会以后，需要更加小心谨慎，因为往后的路更
难走，考验更多。

胡雪岩也明白，跟一般人相处，做错了事情大不了道个歉而已。
但是为左宗棠办事，就要加倍谨慎，因为左宗棠眼光敏锐，稍有差池
可能连命都会丢掉。既然是高度危险的事情，胡雪岩为什么还要这样
去做？如果他纯粹为了自己的利益，想借此把生意做大，那就只是唯
利是图，也就不值得我们去研究了。但胡雪岩不是这样，他一直念念
不忘的还是王有龄对他的嘱托。

中国人对逝者临终的遗愿是格外看重的，没有人会把它当成耳
旁风。胡雪岩有情有义，又和王有龄关系非比寻常，当然更是牢记心
头。他心里很清楚，如果不能和左宗棠接上线，王有龄的嘱托便无以
为继，这怎么对得起王有龄呢？若是能够和左宗棠接上线，帮助左宗
棠收复杭州，替王有龄完成遗愿，也算是尽了对义兄的一点儿心意。

正是出于这样的想法，胡雪岩才义无反顾，情愿冒这样的风险。

然而，就是因为这次冒险，胡雪岩获得了意想不到的机会。如果将胡雪岩的一生划分成两个阶段：王有龄自杀殉节之前，可以说是胡雪岩的上半生；而这次与左宗棠接上线，则开始了他下半生新的起点。从此以后，胡雪岩不仅有了更多的事情可做，也结识了更多位高权重的人，走出了一条更辉煌的道路。

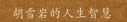

胡雪岩的人生智慧

仁爱为本，本立而道生

多站在对方立场，考虑对方利益

> 🌀 一个人要请人家帮忙，就要多站在对方的立场上考虑问题，而不是拼命替自己打算盘。

我们常常听到这样的抱怨，甚至是争吵，这个怪那个只考虑自己，不在乎别人的感受；那个怪这个只会抱怨别人，要求别人，从来不为别人着想。其实这是我们人际交往中常常发生的情况。每个人都站在自己的立场来考虑问题，都在讲自己的道理，于是就"公说公有理，婆说婆有理"，吵得不可开交。最后的结果往往是不欢而散，甚至反目成仇，实在是不了解《易经》的道理。

其实，任何事情只要站在不同的立场，他的想法就会不一样。

我们常常说"这两个人意见不同"，其实不是意见不同，而是立场不同。我们不能不站在自己的立场，所以很难避免"公说公有理，婆说婆有理"情况。"公说公有理，婆说婆有理"的结果是什么？就是诉之于暴力，讲不通就打，所以我们发明了一个字叫"讼"。

"讼"一边是"言"，就是开口说话；另一边是"公"，就是说给大家听。说给大家听有什么用？以前是有用的。以前让大家评评理，附近的亲戚朋友以及老人家一起听听，看我们到底哪个有道理，然后就化解掉了。现在不行了，现在不是说给大家听，现在叫"法庭见"，是"我要告你"。是强者告弱者吗？应该不会。你如果是强者，根本不用去告他，你吓唬他一下就够了。

所以，强者一定要照顾弱者，要站在对方的立场上，多考虑一下对方的利益，让他的不平之气稍微得到缓解，这样当然就不会告了。

这一点，胡雪岩的做法值得我们借鉴。

虽然与左宗棠建立了合作关系，但胡雪岩非常清楚，左宗棠这个靠山虽然很大，却只是无形的力量，不会提供任何实质的东西，要想长期合作下去，必须要将他交办的事情做好才行。而要做好这些，当然离不开以前那些朋友的帮忙。有的人有了新的靠山，就忘记了以前的旧友，而胡雪岩却始终都没有忘记曾经帮助过自己的人，这正是胡雪岩的智慧所在。

领到为左宗棠置办粮草的任务，胡雪岩第一个就想到要去见漕帮的魏老爷子和尤五。一方面购置粮草离不开他们的帮忙，另一方面有了新的靠山，更需要加强与老朋友的联系，这样别人才会觉得他有情有义，不忘旧友。

胡雪岩如果空手而去的话，即便没有仗势压人的想法，也可能被人误解；礼物轻了，又会让人感觉是被轻视，反而会失掉朋友，与不送礼物没有区别。所以，胡雪岩就精心挑选了一件很贵重的龙形雕像，前往拜会魏老爷子和尤五。

寒暄之后，胡雪岩将雕像拿出来，说道："何为老大？龙头也。这样的东西一般人是配不上的，但是您是漕帮的龙头老大，自然当之无愧！"

一听这话，魏老爷子非常高兴，说："胡先生现在有了左大人这样的大靠山，却没有把我们这些人忘记，真是讲义气，够朋友。以后有什么用得着漕帮的地方，定当尽力。"

胡雪岩要的就是这句话，但是也不好直接就说要找人家帮忙，他面有难色地说："这次的确是有事相求……"

魏老爷子心直口快："求？说求就远了，有什么事情尽管直说！"

胡雪岩这才说出了自己的难处："现在左大人长驱直入，收复杭州指日可待，只是军中急需粮草，所以还需要仰仗漕帮帮忙筹备军粮。"

魏老爷子拍了拍胸脯说："此事简单，漕帮与粮商素有来往，我们自己手中也有囤积的粮米，不成问题。"

经由胡雪岩的一番运筹，在魏老爷子等漕帮朋友的鼎力协助之下，左宗棠交给他的第一项任务很快就顺利完成了。

左宗棠第一次要胡雪岩购买粮草马料是给现银的，但是往后就开始欠钱赊账了。一来是因为清廷国库空虚，光是战败赔款一项就已是捉襟见肘了，没有多余的财力顾及内患。二来是左宗棠心里认为：这并不是我左宗棠欠你胡雪岩的银子，要说欠也是朝廷欠的账。但是现在军情紧急，你先把所需要的粮草马料运来，到时朝廷有了钱自然会还给你的。所以说，左宗棠不是故意要欠胡雪岩的银子，也是因为形势所迫。

不过钱是一翻两瞪眼的事情，胡雪岩的钱庄生意本身也需要资金周转，所以单凭他自己的财力很难满足左宗棠的需要。但胡雪岩的脑筋转得就是快，他利用与漕帮的关系，将左宗棠赊购粮草的成本都转嫁到了粮商的身上。他对尤五说："咱们漕帮跟这些粮商有关系，出面帮忙先借粮草送给左宗棠，等官银一到，马上就还上。"漕帮一出面，很多粮商自动就把粮运来了。因为漕帮和粮商之间是有利害关系的，现在如果不帮忙，将来又怎么请漕帮运粮呢？

当然，如果胡雪岩只是空口说白话，尤五也不会答应。前面说过，战乱期间米价是不断上涨的，如果按照胡雪岩借粮时的价格归还银子，那漕帮和粮商岂不是赔本赚吆喝。所以胡雪岩还是按照以前的老规矩，没等尤五开口他就说："我替你想过了，你现在借我粮米，至于按照什么价格归还银子，全凭你说了算。你觉得什么时候价格最合适，开个价钱，到时候就按照那时的价格结账便是。"尤五一听，当然就没有话讲了。

一个人要请人家帮忙，千万记住胡雪岩的做法，要多站在对方的立场上来考虑问题，而不是拼命替自己打算盘。

为什么要多站在对方的立场上？我们需要了解两点：

第一点，在人际交往中，中国人注重"交互主义"。

有的人一听到交互性，就问："交互性用英文怎么讲？"如果英文讲不出来，就表示没有这个东西。一切以他国的文化为依据，这是有些人很可怜的地方。交互性，英文叫作 Interactive。我们既不是个人主义 Individualism，也不是集体主义 Collectivism，而是一种很特别的交互性。所谓交互性，就是我要看你对我怎么样，我才决定对你怎么样。

很多老板看不起干部，干部心里就觉得好笑：你看不起我是你倒霉，不是我倒霉。我问过那些年轻人，得到的都是第一手的资料。有个年轻人工作很卖力，我说："你这么拼命干什么？一个月也没几个钱。"他回答说："没办法啊，老板看重我，我就要撑给他看，撑不住也要硬撑着。"另外一个人工作马虎大意，我问他："你怎么这样混日子呢？"他说："老板看不起我，也不给我表现的机会，我不混日子，做什么呢？"

第二点，人的立场不一样，感觉就会不相同。

很多事情都是这个样子，夫妻之间如果用自己的立场去断定对方，每个人都会有一肚子的怨气。更奇怪的是，夫妻常常因为一句话就会吵起来。我们来看一个案例，可能会了解得更清楚。

一位先生刚踏进家门，太太就急急忙忙地告诉他："有三个很重要的电话，你赶快给人家回一下。"先生听了，一脸的不高兴，心想：我忙碌了一整天，难道不能让我稍作休息再说？太太看见先生这种反应，觉得一番好意反而被误解，也是一肚子不愉快，说："我跟你说过了，要不要回你自己看着办，好像我多事一样，其实我才懒得管。为了你好，还要看你脸色，我真是自讨没趣！"

没过几天，同样的情况又出现了。有了上次的教训，这回太太就记住了，把三个电话记录下来放到桌上，先生回来一句话也没有说。先生脱下西装，摘掉领带，坐了一会儿，突然看到桌子上的电话记录，直接暴跳如雷地问："这么重要的电话，你竟然不告诉我，你在家跟不在家有什么两样？"太太更加委屈了："你这个男人也太难伺候了，好心告诉你，你不高兴。不告诉你，你火气更大。我找你真是瞎了眼……"这是谁的错？就是不懂得如何沟通的错。

聪明的太太知道电话很重要，不能不告诉先生，但是直接告诉他，他又会发脾气，那怎么办？很简单，太太就准备好一块热毛巾，先生进门后二话不说，先把热毛巾递上去。先生就会问："有什么事吗？"因为平常根本没有热毛巾，今天有这样的待遇，必然是有事情。

太太一定要说："没什么事。"先生更不信了："怎么会没有事呢？你说呀。"太太还是不告诉他："你今天累一天了，等你休息一下再说。"先生等不及了："今天单位事情少，我一点也不累，你赶紧说吧。"然后太太再告诉他："这里有三个电话，需要你回过去……"这样还会吵架吗？

同样的道理，在企业里面，之所以有部门，就是因为立场不同。生产部门的人，无论如何要站在生产部门的立场；销售部门的人，无论如何要站在销售部门的立场。立场不同，心就不同。

开会的时候，销售部门的经理站起来说："总经理，我们的商品知名度很高，价钱合理，也有很多老客户，但就是最近产品的品质越来越不好了……"只要销售经理讲这句话，生产部门的经理就会说："你们卖不出去产品，竟然说是产品品质不好，影响了销量，怪到我们生产部门头上，真是不知所谓。"

这就是立场不同产生的分歧。特别是当销售部门的人带着客户参观生产线时，所有工人穿的都是公司的制服，只有销售部门的人穿着西装，打着领带，对生产线上的各个环节指指点点。大家都认为这个人胳膊向外拐，站在客户的立场来批评自己人，这种人算什么同仁？这些事情在实际生活中是经常发生的。

如果我是销售部门的人，陪着我的客户去参观生产线，当客户到了生产线上，说你们的铁皮怎么这么薄，应该弄厚一点的时候，我绝不会说"我们建议过很多次了，生产部门就是不同意"，我会说"你的意见很对"。

记住，不可以否定任何人的意见。因为对的就是错的，错的就是对的，对的很快会变错，错的很快会变对。然后我接着说："其实有很多人跟我们提这样的建议，而我们的生产部门非常认真，再三研究后发现，铁皮越厚越糟糕。"我说话要站在生产部门的立场，让他们知道我跟他们是同心的，我跟客户只是嘴巴连在一起而已，那样大家才会觉得我这个人还不错，是真正的同仁。

明白了上面两点，大家就知道接下来该怎么做了。大家都严格要求自己，多换位思考，将心比心，多为对方着想，真诚地关心别人，为别人的利益考虑，对方自然会有所回应。因为中国人是天不怕地不怕，就怕别人关心他，你把他的心关起来，他就死心塌地地为你着想了。

与上司相处，学会合理坚持

> 坚持做想做的事，不管别人怎么说，将来你才不会后悔。

中国的传统中，重视"君臣之道"，对于"同时主从"的关系，视为天经地义。上司为主，部属为从。部属应该追随上司，也就没有理由不服从上司发出的命令。

在现代企业中，大家都是同事。上司未必可以擅自做主，部属也不一定要顺从上司。同时在台上演出，各自扮演好自己的角色，无所谓"主从"，谁也管不了谁。似乎"中国人最不喜欢被管"的习性，发挥到了最高点。这样的民主，势必带来无比的混乱。大家各搞各的，不但容易偏离目标，而且内力互相抵消或重复，都会增加不必要的成本，造成无谓的浪费。

所以在现代社会，伦理变得更加重要。以往因为害怕权威而讲求伦理，大多属于被动。现在必须主动讲求伦理，才能在现代社会发挥"同时主伴"的精神。

主从的观念被打破以后，必须及时建立主伴的关系，即上司做主，部属陪伴上司。部属与上司同时出现，同台演出，有主有伴，合理协调彼此之间的协同状态，即为当代企业管理的新伦理。

伦理指"人伦的秩序"，意为"人人应当守份，遵守做人的原则，遵照应有的秩序"。同时出现的人，如果不守伦理，大家都"没大没小"，谁也不服谁，就会各说各话，各做己事，不但不容易协同，而且很可能"不懂事的人，气死懂事的"，或者"小人活活把君子气死"，形成"敢死的人最神气"的惨局。

既然要把"主从"关系变成"主伴"，那么部属不应该依赖上司，不能把自己当成上司的随从。过去那种"等待命令""不动脑筋""绝对服从""不反映实际状况""听话就好""自己没有意见"的习惯，都不应该继续存在。

上司是主，部属是伴不是从。部属的任务，是陪伴上司走完任务的道路，走向目标的中心。于是部属必须"主动提供相关资讯"，以"帮助上司正确决策"，在"执行上司指令"时，"应该及时反映实际的状况"来"协助上司有效调整步伐"，并"随时与上司互动"，以"确保任务顺利达成"，最终"圆满完成预期的目标"。

在这方面，胡雪岩的做法值得借鉴。

有一次，左宗棠和胡雪岩下象棋的时候，有人来报告说某营将官请洋枪队相助，初战告捷，特送来军功簿请功。

左宗棠一听，当时就翻脸了："请洋人打仗，无异于引狼入室，你们还好意思来请功？"

胡雪岩心里却在想：既然李鸿章可以请外国人来打仗，左宗棠为什么不能呢？于是，他向左宗棠说出了自己的想法：何不学李鸿章那样，也建立一支自己的洋枪队？

当然，我们也可以怀疑胡雪岩在打自己的小算盘，认为左宗棠如果答应组建洋枪队，一定会找他购买洋枪洋炮，这样就可以借机从中赚上一笔。即便当时胡雪岩有这样的想法，这最起码能够公私兼顾，而不是完全只考虑他自己的利益。

左宗棠听了脸色一沉，更加不高兴了，一脚将桌上的棋盘踢翻在地。照理说胡雪岩应该吓得不敢再讲才对，难得的是，在关键时刻他敢于坚持自己的意见，仍然建议左宗棠再考虑考虑。这种勇气不是一般人能有的。

左宗棠并未回答，而是挥手叫所有人都退下。胡雪岩明白，自己的话左宗棠听进去了，他已经在考虑这件事情了。左宗棠没有想到，胡雪岩竟然如此坚持，从过往他对胡雪岩的了解来看，胡雪岩一定是认为这样做很有道理才会大胆坚持的。但左宗棠毕竟是大帅，不可能当场就说好好好，我听你的。那还像什么样子？

第二天，左宗棠又派人把胡雪岩找来，对他说："昨天你说那些话，不无张狂之嫌，以后不可如此。"然后语气一转："但是你的意见不错，既然李鸿章能够购买洋枪洋炮组建常胜军，那我们不妨也组建一支常捷军。"

有时候，下属与上司的意见发生分歧时，下属应该合理地坚持，才能树立信用。否则，上司一说"不"，下属就见风转舵，只会给上司留下不可靠的印象。在上司面前懂得合理的坚持，上司就会越来越欣赏你。

中国人很喜欢听人家的意见，但是常常不让人家说话，是什么道理？其实他是在做一个过滤的工作。如果每个人的话，上司都仔细去听，听完才知道都是废话，这样就浪费了很多时间。他不让讲就是他想试试看，这句话有没有必要去讲，所以他打断你，如果你还讲，他就知道这件事比较重要。

当老板不采纳的时候，你不要心灰意冷地放弃自己的意见，而应该和顺委婉地、合理地坚持自己的看法。我们要清楚，老板跟你讲相反的话不是在反驳你的意见，而是试试看你有几分把握、可靠不可靠。他一反对，你就放弃，证明你对自己的建议根本没有把握；再反对也没有用，说明你很难商量，不容易配合。老板反对到合理的地步，干部也应坚持到合理的地步。

我们讲要合理的坚持，所谓合理，就是有几分把握就做几分坚持。干部绝对不能盲目坚持自己的意见，这种刚愎自用的心态，不但令人无法容忍，也会害了自己。如果你的坚持被上司看成顶撞，上司就会以为你在挑战他的权威，难免会以势压人，容易伤了上下级的和气。而且，一旦结果证明你的坚持是错误的，你势必成为众人嘲弄和苛责的对象。合理坚持自己的意见，是"不失责"；坚持到合理的地步就不再坚持，就是"不越权"。

从现在开始，你要有意见就讲，而且要坚持到应该坚持的地步，然后才放弃。

当然，坚持自己的想法，要先肯定上司的意见，再表达自己的意见；或者提出问题，反过来请教上司。当出现严重分歧时，下属最好不说话，表现出一直在深思的样子，上司自然看得出来，但是下属不要说出来，等上司让说时才说。意见相同时，要给予热烈的回应，不要说"我也这么想"，上司会以为你是随声附和，最好说"我想了许久都没有想通，原来这样最好"。

能协助上司达成使命的部属，才是上司的良好伙伴。这样的人，会积极负责，把上司的任务当作自己的任务。我们来看看胡雪岩是怎么做的。

要建常捷军，就要购买枪支弹药，所需的经费十分庞大，所以胡雪岩只有动脑筋向外国银行贷款。但是，要向外国银行贷款，就一定要通过当时专门负责洋务和主持与外国来往的李鸿章。于是，左宗棠给李鸿章写了封信，交给胡雪岩，让他拿着信去找李鸿章帮忙。当然左宗棠也不是完全让胡雪岩一个人去闯，他同时还派了亲信王德榜与胡雪岩一同前往。

胡雪岩和王德榜到了上海，一连几次拜访，却都没能见到李鸿章。这是为什么呢？我们知道，李鸿章和左宗棠同为清廷重臣，但是因为政见不同，一直是面和心不和，虽然左宗棠没有要跟李鸿章争个高下的想法，但李鸿章心里十分不情愿帮这个忙，但是碍于情面又不好直接拒绝，所以便躲了起来，推托有事在身，不见胡雪岩。

后来，胡雪岩费尽周折，总算见到了李鸿章，递上左宗棠的手书之后，李鸿章依然是爱理不理的样子。我们中国人说见面三分情，因为人在人情在，如果左宗棠亲自来见李鸿章，李鸿章也不能摆什么架子，两个人一说就算数了。现在李鸿章只见到一封书信，又是一个商人送来的，当然不以为意。所以，他当面就给胡雪岩一个难堪："左大人怎么会把国家的事情交给一个商人来办呢？"言外之意是说打仗是官员的事情，你只是个商人，参与这种国家大事干什么呢？

面对责难，胡雪岩毫不畏惧，回答得委婉而得体："国家之利与商人之利相得益彰。"

李鸿章是这种态度，更别指望他的部属会帮忙，所以最后胡雪岩完全是用自己的方式，找朋友帮忙，才向汇丰银行贷到了第一笔贷款——五十万两银子。

胡雪岩贷到银子的消息，很快就传到了李鸿章耳朵里，他感慨地说："左公用人，决不容无用之徒。"可见胡雪岩在没有李鸿章帮忙的情况下能够贷到款，是一件非常不容易的事情。

李鸿章见事已至此，就吩咐部下协助胡雪岩购买洋枪洋炮，帮忙把常捷军建起来。部下听了以后十分不解："开始时避而不见，百般阻挠，为何现在又要出手相助呢？"李鸿章对部下说："胡雪岩没有办法的时候，我们不能帮他的忙，帮他的忙就等于给自己捣乱。胡雪岩现在款已经贷到，再不帮他的忙，传出去就是我们有意阻碍。事情既然已成定局，不可能再去出面阻止英国银行放款，那样毕竟有失大国的体面，只会被外国人看笑话。况且左宗棠势力日强，倒不如成其好事，也就是做个顺水人情而已。"

在同时主从时代，部属能够让上司放心地交办任务，视为亲信，已经难能可贵。但在同时主伴时代，部属在上司心目中，不再是可以信赖、可以委托而已，应该更进一步，有"你办事，我放心"的感觉，上司以充分赏识的心情，反过来依赖部属而无所顾虑。

部属与上司之间的问题，很少是技术性问题，多半是人与人之间的问题，也就是心与心之间的能否呼应的问题。部属与上司，都应该秉持中国人"希望活在他人心中"的道理，彼此互相尊重，尽力做到"你心中有我，我心中有你"的"你看得起我，我也看得起你"。然后由这种"敬人者人恒敬之"发展为"互依互赖，彼此信任"，这样才能够真正合作无间。

与强者并立，才有所获

一个人要跟比自己高明的人在一起，才会有所收获，有所长进。

一根稻草，普普通通，丝毫不值钱。不过，如果把它绑在大白菜上，它就是大白菜的价钱；把它绑在大闸蟹上，它就是大闸蟹的价格。同样，和什么样的人在一起，你就可能会有什么样的人生。你和谁在一起，你就有可能成为谁。

中国有句古话，"物以类聚，人以群分"。如果你身边都是一群积极进取、事业有成的人，大概你也很难会甘愿过普通平庸的生活。和勤奋好学的人在一起，你身上会有一股用不完的冲劲儿；和有智慧的人在一起，你必将会收起锋芒变得不动声色；和乐观的人在一起，你很难会终日沉溺于坏情绪之中。

和谁在一起，对于一个人的人生影响真的很大，甚至可能彻头彻尾地改变你，因为大多数人都很容易受周边人或事物的影响。受到消极的暗示，你可能会沉溺于落叶悲秋的情绪中；而受到积极的暗示，很可能会激发你体内潜在的能力，促使你成功。

收复杭州的战役终于打响了，胡雪岩按捺不住紧张的心情，跑去左宗棠的大营打探情况。进去一看，左宗棠居然还在那里跟部将下棋，胡雪岩不禁纳闷儿：这样的紧要关头，身为统帅，左大人怎么还有心思下棋呢？他虽然心里觉得奇怪，但是嘴上却不敢问。胡雪岩这样做，才是一个有修养、有城府的人。如果他开口就问，左宗棠一定不会有好脸色：你胡雪岩算老几，竟然对我指手画脚？

对于中国人的修养，外国人有很多是看不懂的，所以他们总认为中国人不诚实，心口不一。胡雪岩虽然不便直接去问左宗棠，但是可以通过神情和动作表现出心中的疑惑和焦虑，左宗棠一看，自然就知道他十分关心战局，如果愿意告诉他原因，自然会对他讲；如果左宗棠不想说，也不会显得胡雪岩冒昧唐突。所以，胡雪岩只是站在旁边，一言不发。

左宗棠是何等聪明之人，当然看出了胡雪岩的心思，就笑着问他："你觉得外面战况激烈，我不应该坐这里下象棋，对不对？"胡雪岩当然回答说没有。但左宗棠知道他就是这么想的，所以又问："你觉得我应该怎样？"胡雪岩就更不敢说话了，只能一直说没有。

"没有？没有你站在这里干吗？"左宗棠早就看出了胡雪岩的意思，他站起身，放下手中的棋子，告诉胡雪岩："冲锋陷阵是士兵的事情，如果到了连统帅也要上阵迎敌的地步，那岂不是要全军覆没了？我在这里下象棋，是在等前方将士得胜的消息。等到杭州攻下，我穿上朝服，宣慰将士，这些才是统帅该做的事情……"

胡雪岩这才明白了左宗棠的用意，从而更加佩服他。

胡雪岩同左宗棠相比还是有差距的，幸好他是个机灵的人，知道如何应对，所以很少闯祸，并且从左宗棠身上学到了很多东西。左宗棠的大将风度深深影响了胡雪岩，使原本精明的胡雪岩又增加了几分沉着和大度。

一个人要跟比自己高明的人在一起，才会有所收获，有所长进。

我们都知道，性格决定命运，格局决定结局。一个人的心能盛多大的事，就能成多大的业。人要改变命运，就要先改变心智，如何改变心智，一是反求诸己，二是与比你强的人交往。

现在很多年轻人，总觉得年龄相仿才比较谈得来，不大喜欢跟年纪大的人一起交流，甚至拿代沟来作为理由，这是非常不好的现象。一个不懂事的人，再加上一个不懂事的人，又来一个不懂事的人，三个加起来还是不懂事，甚至是更加不懂事，又怎么会有长进呢？

还有一些人，总是喜欢与比自己差的人交朋友，因为这样，他们能感受到更多的优越感。但你必须要清楚，从比你差的人那里，你所能学到的东西是很少的。更有甚者，还有可能被他们"传染"上一些坏习惯。比如，与愤世嫉俗的人交朋友，他们的负面情绪也会使你受到感染，让你变得消极。与爱慕虚荣的人在一起，渐渐地，你也会变得虚荣、好面子。与满腹牢骚的人交往，你也会整天怨声载道，仿佛全世界都欠了你一大笔债。与不思进取的人做朋友，时间一长，你也会失去上进心。

比我强的人，会接纳我吗？比我有钱的人，会理我吗？比我有名的人，瞧得起我吗？有这种疑问，说明你露怯了，这正是你无法变得强大的原因。

与强者并立，才能保证你永远虚心，有敬畏之心，满怀斗志，从来没有倦怠。与弱者在一起，则刚好相反，你会觉得自己混得不错，不需要努力了。可实际上，你的那点成就算得了什么呢？

你半辈子参不透的那点东西，别人早已领悟；你孜孜不倦追求的，别人唾手可得；你狂妄自大，是因为还没有见识过真正的天才——天才会让你明白，老天真的不公平，你拼尽一生的努力，只是为了不输得太惨。

结交那些比你强的人，你就在人生的道路上跨出了非常重要的一步，他们可以向你分享经验和教训。阻碍人们成功的最大阻力，往往存在于人们的内心中，战胜自己，才是人生中最艰苦、最持久的一战。但如果你有很多比你成功的朋友，并且他们愿意与你分享取胜的诀窍和方法，那么在这场看不见摸不着的战斗中，你获胜的概率就会大很多。

比你强的人，同时也是你最好的参照物。在人生的道路上一直走在你前面的人，是你最好的参照物，有了他们做榜样，你就有更大的动力去力争上游。当你困顿、疲倦的时候，一想起那些比你厉害的人还在拼搏，我想，你一定会更加努力。

富而能仁，心安则为之

> 我们必须静下心来，好好端正自己的金钱观，有效地提升品德修养，积累死后可以带走的福报，这才是今生最可靠的事情。

人类做的最可笑的事情，就是为了自己生活上的便利，去创造某些工具，可是当这些工具被创造出来以后，我们却很快变成了这些工具的奴隶。

比如，钱是我们拿来用作货物交换的一种工具。以前没有货币的时候，我们是以货易货，那时候比较麻烦的是，经常无法评估货品的价值。有了货币以后就方便多了，你可以定价，我可以出价，我愿意我就付这个钱，一切都化解了。

但是，现在有些人却离不开金钱，而且已经变成了金钱的奴隶。比如坐飞机的时候，就算在头等舱，里面的人基本上都已经有了一定的社会地位，可有些人的谈话还是从头到尾都离不开钱。那就是人生的第一关都没有过。

我们有一句话，从过去传到现在，叫舍得，舍得，有舍才有得；多舍多得，少舍少得，不舍不得。谁都会背，可背下来有没有用？到时候你还是会舍不得，一舍不得就会后患无穷。口口声声说钱财是身外之物，但是连一毛钱都舍不得，那就是典型的守财奴。

孔子说："仁者以财发身，不仁者以身发财。"一个有爱心的人，是用所赚来的钱使自己的身体更健康、更有功能，使大家更喜欢跟他互动。相反一个没有爱心的人，是拿他的性命来换取钱财，钱越多越倒霉。

人活一世，一定要留下好名声。没有钱，虽然也可以做好事，但是难度变大了，有时会还会感觉到有心无力。但是有了钱之后，却经常是败坏名声。因此，我们就很清楚了，要以赚钱为手段为工具，时常记得去照顾他人、造福社会，才能留下好名声。

所以，一个人如果有钱了，一定要做到富而能仁。什么是富而能仁？就是富了以后，你还能够把别人当人，你还能够发挥人间的大爱，去照顾那些不如你的人，去跟他们分享你所得到的东西。

那你可能会想：我自己赚来的钱，凭什么要跟人家分享？所以我们才特别提到一点，小富是你自己赚的，你可以不跟人家分享，因为你一共只有这么一点点。但是当你大富的时候，很多是社会给你的，不然，凭你自己怎么也赚不了这么多，那你当然要分享了。

富而能仁的人是很难得的，胡雪岩就是这样一个人。

战后的杭州城，满目疮痍，百废待兴。胡雪岩安排妥当家人，马上去见左宗棠，主动提出要做三件事情。

第一件，举行义葬。

杭州一役，胡雪岩眼见官兵、民众和太平军死伤众多，尸横遍野。如果不及时埋葬，一来人心不安，二来也会造成瘟疫。所以，他请求左宗棠准许，不管死者何人，一律由他出钱义葬。左宗棠听了大加赞赏，欣然同意。

但是，义葬刚刚开始，就有人向左宗棠报告，说胡家与太平军素有瓜葛，杭州城被困期间，胡雪岩的家人就是因为得到太平军的周济才得以活命的，所以胡雪岩表面上说是要义葬，其实是要安葬太平军的首领。左宗棠听后一笑置之：打仗的时候是各为其主，死了以后不管是谁，都应该好好埋葬。况且那些说法都是空穴来风，不足为信。有了左宗棠的支持，义葬的事情才得以顺利进行。

第二件，招抚太平军余部。

胡雪岩认为，如果对散落民间的太平军严格追查的话，难保不会再起骚乱，而且不少太平军身上有很多钱，如果招抚成功，还可以追缴一部分款项。所以，他向左宗棠提出建议，出示布告，宣布凡是愿意出来自首的，罚款或是坐牢任选一条，过后便可既往不咎。左宗棠也清楚太平军大都是贫民百姓出身，因为朝廷腐败、民不聊生才会起事。现在太平军战败，如果网开一面，准许投降，总比逼他们走投无路，再起战事要好得多。思考之后，他欣然采纳了胡雪岩的建议。

告示一出，太平军的散兵游勇就陆续来自首。好不容易结束战乱，谁愿意去坐牢呢，所以大都是情愿交罚款抵罪。官府收到的罚款怎么处理呢？自然是存到胡雪岩的阜康钱庄。胡雪岩公私两便，尽量在替公家做事情的同时，自己也得到了一些好处。

一个人的出发点是为公，然后对私人有所帮助，这叫公私两便，与营私舞弊是完全不同的。

当时有人以此事为由向朝廷参奏左宗棠，说他纵容洪匪。由于左宗棠为人一向光明磊落，口碑很好，所以朝廷并没有追究。说到这里，我们不禁认识到，一个人的信誉是很重要的。一个人有好的信誉，就算有人打小报告，有人投匿名信，大家都会往好的方面想；一个人信誉不好，稍有风吹草动，大家就会很自然地往歪的方面去考虑。

第三件，赈济灾民。

胡雪岩说，只有与官府齐心协力，我们生意人才有前途。左宗棠一听，觉得这更是好事一件。赈济灾民本该是由朝廷来做的事情，现在朝廷没有能力，胡雪岩愿意做，左宗棠当然乐观其成，称赞胡雪岩有良心，有眼光，也有见地。

孟子说："为富不仁。"有的富人有仁的资格，有仁的条件，但是不仁，孟子就骂这样的人"为富不仁"。不是为富可怕，而是不仁才可怕，这话已经讲得很清楚了。

钱是要活用的，这样才能够回馈社会，才能够帮助大众。所以钱一定要流通，一定要合理地使用。当然你拿一部分存起来，保障自己和家人的生活，这无可厚非。但是如果将所有的钱拿来只为自己，是不可以的，这个度很重要。

任何事情到最后都讲究一个度，度掌握得好，一切都好；度掌握得不好，就会被骂：好好的人不做，做这种事。

一个真正的中国人，发了财，他一定要回去造福自己的家乡，一定要在家乡修桥、造路，为家乡做贡献，这就是分享。你懂得分享，你的祖宗会因为你而受到尊重；你懂得分享，你的子孙会因为你而得到福气。

　　一个人富有后不要神气，不要骄傲，因为你的富有大部分原因是"祖上有德"和社会发展带来的机遇，只有小部分财富是你自己辛苦劳累得来的。我们应该拿出来和大家分享，才会给自己的子孙后代积德，这是非常重要的。

　　实际上，人活一世，有钱没钱那是末节，德才是根本。财富是因为品德的需要而来帮助你的，如果明白了这点，你对金钱就会有正确的认识。

　　古人已经明确地告诉我们："自天子以至于庶人，壹是皆以修身为本。"我们必须静下心来，好好端正自己的金钱观，有效地提升品德修养，积累死后可以带走的福报，这才是今生最可靠的事情。

凭良心，你会歪打正着

> 人凭良心，自己精进，向上提升，可以成"神"；而自私自利，向下沉沦，那就必然成为"鬼"。

我们中华民族，虽历来推崇"日久见人心"的原则，但现代交通便捷，人口迁移也相对快速，很难有长久的时间拿来考验人心。所以"凭良心"，但求自己心安理得、无愧于人，便成为最合乎时宜的检验标准。

问题是，良心在哪里？这是一个十分有趣的问题。答案其实很简单：不用它时，怎么找也找不到；真正要用时，它必然随传随到。我们常说要用心，是不是用时就有良心可凭呢？是不是可以更进一步解释为：只有凭良心，才叫用心。

有些人学了西方管理学以后认为：计划决定以后就要按照计划去执行。这句话其实是不通的。你看计划确定以后，它会不会有变化，它照样有变化，那怎么办？你还照原计划去走吗？那不就很奇怪，明知道它是错的，你还要照错的方向去走。

而中国人的方法只有一句话：看着办。看着办就对了，事情本来都是看着办的。当一切都快速变化的时候，定数只有一个东西，叫作道德修养，就是我们今天常讲的凭良心。

凭良心，你会歪打正着；不凭良心，你会正打歪着。明明可以赚钱，最后亏本了，究其原因，不难发现，就是当初一时的恶念将整个事情搞乱了。而怎么做怎么不对的人，最后的效果却很好，仿佛是老天爷在保佑他，其实不过是人的良心在发生作用。本来会做坏的，有了良心的牵引，就能够自我修正过来，我们的信仰就在这里。

胡雪岩施米的消息不胫而走，杭州城的难民接踵而来，对胡雪岩的善举纷纷称道不已。前来领米的人先填报姓名、年龄、家中人口，然后凭发放的米票领米。但有少数人从中取巧，虚报人数；也有人天天来领，然后再拿去卖钱。领米的人越来越多，渐渐有些无法控制了。于是负责发放粮米的人就想出了一个办法：凡是领过米的人就要剃去眉毛，次日再来，一望便知。

有一位穷秀才，迫于生计也来排队领米。当他背着米回到家中后，被妻子一顿数落，说他毫无志气，为了一点儿米，连眉毛都可以剃掉，简直是白读了一肚子的圣贤书。秀才本来就觉得委屈，再加上妻子的冷嘲热讽，心里悔恨不已，一时想不开，竟上吊自尽了。

这个消息在街坊传开以后，马上引起了很大的民愤。百姓们认为，你给人家一点儿米，就把人家的眉毛剃掉了，完全不顾及穷人的尊严和感受。一时间群情激奋，很多人跑到阜康钱庄门前，要向胡雪岩讨个说法。

胡雪岩没想到自己好心施米会引起这样的骚动，他没有先去追究是谁出的主意，更没有推卸自己的责任，而是亲自站出来向众人作揖道歉：这件事情是我们不对，米是我发的，有事我来承担。剃眉的做法确实不妥，马上停止。之后他又为每位被剃了眉毛的乡亲奉上十两银子，以表歉意，恳请大家原谅。胡雪岩的诚心诚意使得在场的百姓很受感动，觉得胡雪岩的确是无心所为，而且也有心改正，于是领了银子就散去了，剃眉风波这才平息了下来。

人人凭良心，才有时时立公心的可能。具体的原则有三，分述如下：

第一，对自己不利，对他人也不利，当然不要做。

因为损己不利人，等于害己又害人，为什么要做？看起来顺理成章，却也有人在做，实在令人想不通，所以列为第一原则。

第二，对自己有利，对他人有害，若忍不住要做，应特别慎重。

寻找法律条文保护自己，替自己编造许多理由，然后自欺欺人地企图瞒天过海。做了以后，等到东窗事发，这才大呼冤枉，又到处设法逃脱。这种人也比较多，所以这一条非常重要。

第三，对自己有利，对他人也有利，赶快去做。

看起来和第一条一样，很容易做到。实际上，却常常推三阻四，既然大家都有利，为什么非我不可？等别人去做，岂不轻松？还可以事后批评几句，表示自己更加高明。

基于上述三大原则，就可以总结出我们的信念，即“取之于社会，用之于社会”。因为我们每个人原本都是光着身子来到这个世界，并没有带来任何东西。我们现在拥有的一切，都是来自父母以及社会。我们一方面要孝敬父母，另一方面也应该尽一己之心力，来奉献给人群社会。

“利他”和“利己”，是可以兼顾并重的，但是先后的思虑次序，有很大的差异，也会产生不同的结果。先想"利己"，往往伤及"利他"；而先想"利他"，实际上没有不"利己"的。可惜先"利己"容易，先"利他"却非常困难，这就是人人必须凭良心自我战胜的第一道关卡。

古代圣贤告诉我们，人凭良心，自己精进，就能向上提升；而自私自利，就会向下沉沦。当然一时沉沦也不要紧，只要转念向上，同样可以转变。这当中的要诀，便是凭良心为社会人群服务。

为社会人群服务，也分一阴一阳。凭良心便是阳，现代称为正能量；不凭良心即为阴，会令人假公济私，甚至于因私害公。通常"公"为阳，表示可以摊在阳光下，供大家检验；"私"为阴，只能够暗中进行，力求避人耳目，现代称为暗箱操作，意思就是见不得人。

可见，一公一私，相去甚远。为公即向上提升，为私便向下沉沦。一上一下，完全在自己的一念之间，关键看你的心如何运转，说起来十分容易，做起来却是相当困难的。

胡雪岩的人生智慧

以智求变，万事皆有法

借势谋势，趁势而为

> 人与人之间靠一个字：势。权可夺而势不可夺，靠势而不靠权。要创造一种条件，让别人老想到你、来看你，这样你就兴旺了。

外国人常说做事要讲究策略，其实就是我们中国人所说的"招数"，两者是一个意思。但是我们中国人说某个人招数很多的时候，常常会有两种说法：一种是说他很厉害，另一种是说他很高明。说他厉害，其实并非好话，因为中国人不喜欢厉害的人，这种说法换而言之就是：你等着瞧吧，看你能厉害到什么时候。所以，我们真正称赞一个人的时候，是说他很高明。手段厉害必然招惹别人的报复，招数高明才会博得众人的敬佩。

胡雪岩就是一个很有招数，却不会让人觉得他很厉害的高明人。

胡雪岩听人说借力使力，刚开始并不懂得其中的深意。一天早上，他到西湖边散步，遇见有人在打太极拳，便驻足观看。看着看着，胡雪岩不禁入神了，一个瘦瘦小小的老者，居然能把一个人高马大的壮汉轻而易举地掀翻在地。胡雪岩马上想到这正是借力使力，借助对方的力量来打倒对方，想到这里，胡雪岩豁然开朗，把这个道理巧妙地运用到了事业当中。

借力使力不一定要打倒对方，关键是要借助对方的力量达到自己的目标，王有龄就是他最早借到的力。他借助跟王有龄的关系，使自己的钱庄生意做得一帆风顺。市面上那么多钱庄，老百姓为什么单单选择阜康钱庄？就是因为阜康钱庄背后有王有龄支持，大家觉得很放心，自然就把钱存到这里来。后来胡雪岩有了左宗棠这个更大的靠山，他充分地支持和配合左宗棠，因为有了这个势，他可以做更大的事情。我们可以看到，胡雪岩发展所有的事业，都是借助这种看不见的势，然后不断扩张自己的生意，这就叫作借力使力，借风行船。

有俗语说："谋事在人，成事在天。"但其实，谋势才是大前提，孟子说："虽有智慧，不如乘势。"上下五千年，能谋事而成者，从来就没有一个是逆势而行的。

那么，什么是势？简单地说，一块石头，放在地上，它就是块石头。若是这块石头吊悬在百丈高崖，它就有了势。按照现在的说法就是内外因影响下而形成的一个情况。人与人之间靠的正是一个"势"字。权可夺而势不可夺，要靠势而不靠权。要创造一种条件，让别人老想到你、来看你，这样你就兴旺了。

谋势之道，用最简单的一句话来说，就是先审时度势，再因势利导。

审势在内，需要内养其心，以得战略制高；内观其能，以明进退优劣；内蕴其气，以纳资源人脉；内壮其力，以求"势"出惊人。

取势在外，不外"造势""循势""借势""乘势"几种，其中选择，微而妙。所谓造势，康德有"为了人类生活的美好，即使没有上帝，也要创造上帝"的说法，这个"创造上帝"的策划，就是"造势"；所谓"循势"，朱元璋在内外情况均尚未成熟时，"广积粮，缓称王"，可谓深得"循势"精髓；所谓"借势"，在管理实践中运用很多，借鸡下蛋、顺路搭车、借花献佛、别人搭台我唱戏等，刘邦借陈胜吴广起义、沛县子弟拥立之势成军，都是其中典型；所谓"乘势"，就是在天时地利人和时，果断取势，乘风而起，顺势而为。

顺势者昌，逆势者亡。我们要牢记，做任何事情，都不要逆势而行，要懂得借势、谋势。生活中是这样的，职场上更是如此。我们说，智者创造机会，强者把握机会，弱者坐等机会。要干出一番事业，就要学会趁势而为，从而创造出高效的业绩。

顺应天道，善于思考，为自己创造出有利的条件，等到时机成熟时，运用智慧，立即行动，这样的人才能有所作为。

头脑要灵活，切勿死脑筋

> 每个问题都没有标准的答案，我们做人也是如此，一定不要死脑筋，只有灵活，才能寻得较好的答案。

台湾大学法律系某一届学生毕业十周年时举办了一次同学聚会，把学校的老师请来一起参加，因为毕竟毕业十年了，在社会上都有点儿力量了。聚会上，他们提出一个问题向老师请教，就是老师教的跟社会教的完全不一样，你们到底是存心的，还是不得已的，今天能不能跟我们这些学生说一说。当时，在场的老师都不知道该如何是好。

我们不否认，学校跟现实是多少有些距离的，但是不能差那么远吧。所以，我们的老师一定要有这样的观念，尤其是小学老师，当学生问你问题的时候，你不要说就是这个答案，而是要告诉他，现在是这个答案，将来随着年龄的增长，你可能会有不同的看法，那时候你再去调整自己的答案。这样他毕业以后就不会认为老师在骗他，就差这么一点儿而已。

我们是不应该有标准答案的，天下没有标准的答案。因为时空一变，它多少会有一点儿不同。

当然，一定的规矩是要有的，但是规矩不是说规规矩矩。我们老把规矩解释成规规矩矩。马虎跟马马虎虎也是不一样的，这些都要好好去区别、去思虑。孩子年纪小的时候，我们要告诉他，你先保持目前这个样子，等将来长大之后，你会做一些调整。

我们常常告诉大家要适时调整，而不是变化。变化是很可怕的，调整是很可贵的。到底是恒久不变，还是常常变才会不变？恒久跟不变其实是矛盾的，不变不可能恒久。

我们现在很多衡量标准其实是不正确的。衡量标准不正确，你的判断就会有偏颇。因此，我们的想法永远是阴阳要合在一起，要持经才可以达变，要达变必须要持经，基本的原则是不能改的，其他部分要随机做不同的调整。

做人，脑筋一定要灵活。整部《易经》都在讲这八个字：不可不变，不可乱变。你绝对不能不变，因为一切都在变，你怎么可能不变？但是又不可乱变，一乱变就糟糕了。大家应该记住这八个字，并朝这个方向努力去引导。

每个问题都没有标准的答案，其实，我们做人也是如此，一定不要死脑筋，只有灵活，才能寻得较好的答案。

胡雪岩就是一个头脑极其灵活的人。有一次，他在茶馆里面喝茶，听人说起有一个姓王的穷小子，居然娶到了金店老板的千金，不禁觉得很纳闷儿。当时婚姻讲究门当户对，但这两家的家境相差悬殊，怎么可能有这种事情呢？胡雪岩很聪明，虽然心里好奇，却什么也不问，这样对方自然继续讲下去。

原来姓王的穷小子与金店老板的女儿早就两情相悦，但是他怕未来的老丈人嫌贫爱富，不同意二人的婚事，于是就想了一个办法。他每隔一段时间就到那家金店去买些金银首饰，而且每次都出手阔绰，从不讨价还价。这样一来二去，金店老板就开始关注他了，觉得他这个年轻人财大气粗，自然对他印象很好，后来就同意把女儿嫁给他了。可是一个穷小子，怎么可能有钱经常买那些贵重的首饰呢？原因很简单，他先想办法凑了一笔钱，然后每次买了金银首饰以后，都是这边买了那边卖，再用卖首饰的钱去买新的，所以看起来好像十分有钱，其实只是在循环使用同一笔资金而已。

一般人听了这个故事，可能只是当作一件趣事，一笑而过罢了。但是胡雪岩记在了心里，他想到自己做钱庄生意也正是这样——八个坛子七个盖，盖来盖去不穿帮就好了。

死脑筋的人会说，八个坛子用七个盖子，怎么能盖得过来呢？但胡雪岩就有这个本事，他灵活地循环利用手中的资金，就像盖盖子一样，这笔钱用过来，那笔钱用过去，好像哪里都不缺钱，实际上只是灵活周转而已。

胡雪岩的悟性很高，他的很多领悟都来自生活中耳闻目睹的小事。在别人看来不过是茶余饭后的谈资，可在他眼里，那些琐事中都蕴藏着大玄机。他善于用心琢磨其中的意思，然后运用于经商之上，应用于实践当中。我们要学习胡雪岩，除了研究他做人经商的方法策略以外，更重要的是要培养和提高自己的悟性，遇事多思量几遍。因为左思右想总会想出些名堂来，这样的收获才是自己的。

中国人有一句话，叫作"运用之妙，存乎一心"。我常常考周围的人这句话是谁说的，十个人有八个答不出来。这句话是岳飞说的，大致意思是说，兵法运用得精妙与否，全在于能不能根据战场的特殊情况，进行灵活而又富有创造性的思考与实践。岳飞自幼熟读兵书，尤好《孙子兵法》，但是《孙子兵法》人人都读，看到的也是相同的内容，为何在战场上运用起来有高下之分呢？就是因为"运用之妙，存乎一心"。

还有一件事，也体现了胡雪岩头脑的灵活。

胡雪岩在依靠钱庄赚取了丰厚的利润后，便开始筹划用这笔钱去做善事，办私塾、开设善局等。并且胡雪岩还有一个更为创新的想法，那就是要把这些钱变为活钱。胡雪岩并不是想把钱都分给那些穷人，因为有一些穷人就算给他们再多的钱也无济于事，却只会把他们养懒了。但针对那些没有钱创业却很有想法和头脑的人来说，资助他们是一件好事情，只要他们用心，很快就能够发达。

胡雪岩想到这些以后，很快决定实施计划，除了资助那些因为天灾人祸或者因为战争而导致的贫苦人家以外，他只把钱给那些需要创业资金并且有一技之长的人，这也正符合"天助自助之人"那句话。

胡雪岩开办的胡庆余堂一直受到广大群众的好评，而胡庆余堂生产的药也都是质量有保证的。胡庆余堂上上下下都形成了一种良好的医风医德，就连那些药农种药也特别用心。因为胡雪岩事先接济了他们，而那些药农又多数是贫苦百姓，所以对胡雪岩的接济更是铭记于心，于是就会努力为胡雪岩做事。自己种的药只要成色有一点差，都不会送到胡庆余堂，这就让胡庆余堂一直享誉中外。

胡雪岩这样做，得到的不只是胡庆余堂良好的声誉，而且还得到了胡庆余堂给他带来的巨大财富。于是胡雪岩进一步提出，药农们向自己的钱庄贷款时，给他们优先解决。这样一来，胡雪岩名利双收，药农们也得到了切身的好处，两全其美。

胡雪岩在想到这些方法的同时，还冒出了一个大胆的想法，那就是以同样的方式贷款给蚕农，让蚕农把收获的茧丝都卖给自己，这样蚕丝生意就不会受洋人的轻视和欺压了。

虽然早先胡雪岩的蚕丝生意做得也不错，在市场上很有声誉，但是随着外国商行的不断涌进，洋人们也看到了这个生意的可观利润，于是处处和胡雪岩竞争。他们以低价收买蚕农们的茧丝，再高价卖给中国的丝绸作坊，变着法地欺压中国人。胡雪岩早就想在蚕丝生意上跟洋人打一场，但是一直没有什么办法，毕竟洋人也是做生意的，胡雪岩就算有再多的钱也不能阻止洋人收购蚕茧。但是现在胡雪岩想到了贷款给蚕农的办法，像对自己的药农们一样接济他们，贷款优先给蚕农们办，这样一来，蚕农们自然而然地就会把生产的蚕丝卖给自己了。

就这样胡雪岩把手中的死钱变成了活钱，心中也没有丝毫的不安和愧疚。胡雪岩不但做善事，帮助了很多有志之人在商场上开辟了新道路，同时还抑制了洋人的嚣张气焰。

胡雪岩无论为人交友，还是经商处事，脑子都非常灵活，所以他的事业发展得也很顺利。胡雪岩为什么会这么聪明？为什么能如此善于动脑筋呢？

风水轮流转，中国人为什么说富不过三代，就是人一有钱，就不再动脑筋了。爸爸很有钱，小孩子就不动脑筋，饭来张口，衣来伸手，高兴怎样就怎样，这种人长大了能有什么作为呢？胡雪岩小时候家里很穷，他不动脑筋就活不了。有的人很会动脑筋，却不喜欢别人动脑筋，总觉得自己动脑筋是用计，别人动脑筋就是小人，这种人其实本身就是不怀好意的。

胡雪岩时时刻刻都在动脑筋，而且动的都是正面的脑筋，他一心想着怎样能更好地帮助左宗棠，怎样通过左宗棠来替国家多做点儿事情。如果胡雪岩只是嘴巴讲得好听，左宗棠两三下就看穿了，但是在左宗棠不断的试探之下，胡雪岩用实际的表现为自己争取到了信任，成为左宗棠的得力助手，用中国人的话说，就叫左膀右臂。

但是，中国历史上也有很多头脑灵活、精明能干的商人，为什么没有取得像胡雪岩这样大的成就呢？我们还是不得不佩服中国语言的高度概括性，原因就是"时也，命也"。如果时不对，命不好，即便胡雪岩再高明，他照样不能这么成功。我们讲，做什么事自己都要努力，这肯定没有错。一个人自己不努力，什么都不要谈了，要想做成事，自己努力是基本条件。但是除了自己努力以外，还要看时机对不对、形势好不好，然后再加上各种条件是否具备和配合，那就是我们通常所说的命了。

胡雪岩早生一点儿，晚生一点儿，都赶不上那个时机，他事业的成长期正是太平军跟清军打得最激烈的那几年。有的人认为，这种年头还能干什么呢？但在胡雪岩看来，安定有安定的好处，乱世有乱世的机会，既然自己没有能力改变社会的大环境，就只能够顺应这个环境，然后走出一条自己的路，这是他很了不起的地方。一个人所处的社会大环境就是命，但更为关键的是，人要能够适应环境，然后走出自己的路，这就是人们所说的改命。可见，说人有命，说人能改命，并不是迷信，而且我们要清楚一点，命运是把握在自己手里的，而且不是一成不变的。

遇到问题，不要解决要"化"

> 🌀 出现问题和矛盾以后，解决是解决不了的，反而越解决越麻烦。我们讲究化解，把问题化于无形，把麻烦消弭于无形，这才叫作化。

遇到问题后，如何处理才能使问题迎刃而解？一个字——化！只要合理运用这个字，所有的问题，都不再成为问题。

出现问题和矛盾以后，解决是解决不了的，反而越解决越麻烦。我们讲究化解，把问题化于无形，把麻烦消弭于无形，这才叫作化。大事化小，小事化了，化到最后，没有痕迹，大家心里没有怨气，才能真诚合作。

眼见胡雪岩的钱庄和当铺的生意越来越红火，于是就开始有人动起了歪脑筋。有一天，当铺里来了一个人，刚进门就神气地叫道："哎，叫你们主事的出来，我有件宝贝要寄存在你们这里。这可是件商朝的古董，你们肯定没有见识过。"他这一套就叫先声夺人，上来先给对方一个下马威，让对方心虚，后面自然就不敢讨价还价了。

当铺主事的人上前拿过来一看，确实没有见过这样的东西，于是就问他要当多少钱。来人说最少三百两银子，少了不当。主事的有些犹豫不定，这东西虽然看着有些像商朝古董，但毕竟不是常见的物件，恐怕当不了三百两银子。

来人一听更有底气了，继续说："那叫你们老板出来，你根本没有眼光。你们不要，有的是人等着要。我是听说你们当铺信用好又识货才来的，现在看来，恐怕也是徒有虚名。"

主事的想到胡雪岩信誉为重的嘱咐，再加上被连蒙带诈，就当真付了三百两银子。那人拿上银子还捡了便宜卖乖，说今天是因为急用才当得这么少，否则一千两都不舍得当，然后一脸不情愿地扬长而去。

主事的后来越想越觉得不对劲，便又请来很多行家里手帮忙鉴定。众人看完之后一致认为这件东西是赝品，根本不是什么古董，更不值三百两银子。主事的十分后悔，因为三百两银子毕竟不是小数目，所以他赶紧去找胡雪岩汇报，说自己看走了眼，白白被骗去了三百两银子，请求责罚。

胡雪岩听后并没有责怪这位主事，他一面安慰主事，一面吩咐人安排十桌酒宴，说有一件商朝的稀世古董，请当地名流士绅第二天前来观赏。主事的一听更加不明白了，瞪着眼睛问胡雪岩："我们既然被骗了，为何还要再骗别人，这样岂不是没有良心？"胡雪岩板着脸说："你跟了我这么久，还不知道我的为人吗？我会做这种事吗？"吓得主事的不敢再问，只好照吩咐赶忙去准备了。

第二天，受邀的各位名流士绅如约而来。酒过三巡，菜过五味，胡雪岩吩咐旁边伺候着的徒弟把二楼的"古董"拿下来，让大家共同鉴赏一番。徒弟连忙一路小跑上楼去拿，众人听闻纷纷离席起坐，聚在楼梯口翘首等待。不想小徒弟下楼的时候脚下一滑，连人带"古董"一起跌落在地，众目睽睽之下，那件"古董"被摔了个粉碎。在场的人见此情景，不禁大为惋惜，这么珍贵的古董，为了给大家欣赏居然摔破了，真是太可惜了。胡雪岩却拱手道歉："东西摔碎了没有关系，只是害得大家不能好好欣赏，实在是非常抱歉，还请各位多多见谅才是。"说完之后，胡雪岩又招呼大家重新落座，继续喝酒。

消息没腿却跑得最快，在场的人回去以后无不惋惜地跟周围的人谈起此事，结果没有几天，此事就传到了骗当人的耳中。他得知这个消息后兴奋异常，心想上次的三百两银子赚得轻而易举，这才几天的工夫，没承想更大的发财机会居然又自己找上门来了。于是，他拿上三百两银子，迫不及待地奔到当铺，一进门便叫道："我赎我的古董来了。"说着将银子放到柜台上。

胡雪岩坐在柜台里面，不动声色地说："你终于来了，伙计们，先看看他的银子是真是假，不要连银子都是假的！"骗当人一听此话，心里就有些发毛了，但还是强作镇定，装成没事一般。

验过银子无误之后，胡雪岩吩咐道："去！把'古董'拿来还给这位先生，一定要小心，不要摔碎了！"

那个人一听，脸色吓得煞白，战战兢兢地不断重复道："怎么会这样？不是摔碎了吗？怎么会这样……"

胡雪岩冷笑着说："你有假的，我就没有假的吗？你这个假，我摔碎的那个比你这个还假。我给你个机会，这次就不追究你了，但以后你要好自为之，不能再做这种昧良心的事情，否则定要将你拿去见官。"那个人听了之后，一句话都没敢说，灰溜溜地跑掉了。

中国人讲求艺术，讨厌玩弄权术。在这件事情的处理上，胡雪岩除了教训骗当人之外，没有伤害任何人，更没有因为自己受骗而再去欺骗别人，这才是中国人高超的处事艺术。

我们现在受西方的影响，遇到事情总是先想到要解决问题，其实这并不是好办法。中国人的高明之处在于，我们不是去解决问题，而是想办法把问题化解掉。经过胡雪岩的处理，一切都一如从前，就好像当初别人没有骗他，而后来他也没有骗别人一样：行骗的人乖乖地将银子送回来，把假古董拿了回去，胡雪岩自然没有被骗；他以牙还牙、以恶制恶的妙计，更不能说是骗人。

用化解的方式处理问题，最后不会有任何后遗症，而被动地解决问题，则是后遗症一大堆。一个问题不解决，永远只有一个问题，但也永远都有这个问题；一个问题解决了，几十个问题可能又出来了。解决来，解决去，只会叫人手忙脚乱，应接不暇。

胡雪岩对待客户讲求诚信，对待小人却能设计化解，这也正是孔子所说的"以直报怨，以德报德"。一个人，别人对你正直，你一定要对别人正直，否则就是修养不好；别人对你不正直，你也不可对他正直，否则就是纵容小人。为什么小人那么得意，其实都是君子的责任。君子没有尽到责任，小人才会猖狂。读书人以君子自居，把一切过错都归咎于小人，这完全错了。一个社会只要君子都尽到责任，小人是无所发挥的。自己没有尽到责任，还要责怪别人，这完全违背了孔子所说的"反求诸己"的原则。

胡雪岩虽然读书不多，可他能领悟到这一点，而且还能做得很好，这又是为什么？一般人读书只会死记硬背，根本不理解其中的意思，谈起历史，总是先想到事情发生在何时何地，而不去想那些历史给人什么教训和经验，更没有想过，死记那些不断变化的地名，硬背那些不在人世的人名，对一般人来说根本没有什么实际帮助，更不可能为己所用。

倒是像胡雪岩这样没有读过太多书的人，脑筋反而更灵活，听到事情会闻一知十，会深入去思考那些事件背后的实际用意。我们常常讲，读书要活学活用，不要死读书、读死书，就是这个道理。读书的真正要义是学以致用。

把绊脚石，变成垫脚石

> 🎵 问题就像是挡在人生道路上的一块巨石，是绊脚石还是垫脚石，关键看我们以什么样的心态去对待，因为同样的事情，可能成为你前进的阻力，也可能成为你前进的助力。

世间没有一个人会一帆风顺、事事顺利，因为人总是要长大，总要接触外面的世界，遇到问题也就在所难免。

这些问题就像是挡在人生道路上的一块巨石，是绊脚石还是垫脚石，关键看我们以什么样的心态去对待，因为同样的事情，可能成为你前进的阻力，也可能成为你前进的助力。

当你把问题看成绊脚石的时候，你就开始烦恼了，因为它会阻碍你的前进。你去跟它对抗，可能会被绊倒；你想把石头搬走，自己也会累得精疲力竭。但是，如果你把它看成一块垫脚石，就很容易踩着它，达到一个新的高度，你就可以看得更远。

因为家境困难，胡雪岩八岁就开始给人家放牛了。看到其他的孩子读私塾，他没有抱怨为什么别人家那么有钱，我们家就这么穷。他觉得别人在里面读书，我在外面听听也不错。他替人家放牛，也不会抱怨为什么家家都有牛，还可以找人放，而我们家就没有。他觉得每天去放牛也无所谓，怎么样都是好的，其实就是心境的改变而已。

你怎么看待钱财？有些人没有钱的时候不会出事情，一有了钱反而出问题，这就是过不了金钱关。老天对每个人都是公平的，设置了很多关卡来考验每一个人，他总会不断地在你面前摆放石头，看你怎么去对待。

胡雪岩在放牛的时候，捡到了人家遗失的一大包金银财宝，这对于一个穷苦孩子来讲，实在太有诱惑力了。胡雪岩如果把它当作可以改变自己命运的东西，把那包金银财宝拿回家去，那就成了他一生中最大的绊脚石，他非摔跟头不可。他规规矩矩地还给人家，人家拿出银子要感谢他，他也不要，这就变成了一块垫脚石。有了这块垫脚石，他就能跨上去，就有机会走出家门去当学徒，就改变了自己的命运。

胡雪岩当学徒的时候，如果拖拖拉拉，不叫不到，能偷懒就偷懒，那就是典型的绊脚石。许多当学徒的，老板叫我往东我就往东，叫我往西我就往西，自己从来不动脑筋，最后是一无所成。胡雪岩格外珍惜这个机会，什么事情都做得比别人卖力，教我的我去做，没有教我的，看别人做我也学着做。别人都睡觉去了，他还在那里练毛笔字，练算盘，这样就变成一块垫脚石。

但也就是因为他的与众不同，很多闲言碎语就随之而来了：你替老板倒尿壶，替老板买早餐，不就是想要讨好老板吗？同样当学徒，你做这么多事情，不就是想把我们比下去吗？这是到处都可以碰到的情况，但是一个人千万要记住，你只问自己要不要做就好了，不要太在乎别人怎么评价。

我们中国是阴阳文化，要说你好，他可以讲一百个道理来说你好；要说你坏，同样可以讲一百个道理来否定你。为什么中国人很多事情不太容易沟通？就是因为我们道理太多，经常听到一些歪理，你也拿它没有办法。面对这些冷言冷语，胡雪岩都不计较，他认为做好自己的事情才是最重要的。

胡雪岩到了杭州阜康钱庄以后，做事更加认真了，因为他已经定下志愿，这辈子都不离开钱庄这一行，在他看来钱庄是最好的行业。他万万没有想到的是，27岁的时候，于老板把整个钱庄的资产都送给了他，这样他看似无缘无故就当上了老板。这时周围的谣言更加满天飞了，有的说他经常作假蒙骗老板，使得老板以为他很可靠，才会把财产交给他；还有的说他勾结王有龄，胁迫老板把财产转移给了他，反正什么话都有。

胡雪岩大概也听过《易经》的道理，《易经》的乾卦告诉我们，除非你不得志，别人才不会攻击你；只要你稍微有一点儿成就，就会成为众矢之的，就是大家攻击的目标，应当格外小心警惕。其实胡雪岩一路走过来，只要得到一点儿好处，马上就会有人攻击他，但他都不在乎，只是更加努力地做好自己。

胡雪岩做了阜康钱庄老板以后，这块石头就更大了。他如果天天守着钱庄，派一些伙计出去办事情，然后回来一一考核：你到底有没有给我赚钱，你到底有没有亏了我的银子，那他就完了。一个人得到好机会，如果处理不得当，它往往是一块绊脚石，最后把人绊倒。

舍得舍得，有舍才能得。该丢的东西就要丢，不要什么东西都抓在手上，那就叫作舍不得，舍不得就得不到。胡雪岩得到钱庄后，把它当作继续发展的垫脚石，而没有被它所牵绊，这是他一生最了不起的一点。其实他舍不得也没有用，因为太平军很快就打进了杭州城，财产被查封，他一下子什么都没有了。丢了就丢了，有什么了不起？这期间他在外面做了很多事情，结识了左宗棠，很快就在上海成立了一家新钱庄。

一个杯子如果是空的，什么东西都可以装，但是如果里面装满了酒，舍不得倒掉，其他东西就装不进去了，那么这个杯子也就没有什么用了。所以，如果一个人得到很多东西就死守着，非要跟它共存亡，那么它就是你的绊脚石，你就不会再有发展。有的人始终看不透这一点，以为好处就是好处，抓在手里就舍不得放弃了。好与坏都不是绝对的，好处可能是坏处，坏处可能是好处，关键要看你怎么对待。

得到胡雪岩帮助的王有龄知恩图报，当然会尽心尽力地帮忙。但是，如果王有龄跟胡雪岩两个人营私舞弊，赚到钱你分一点儿，我分一点儿，那就是十足的绊脚石，一定不会有什么好下场。胡雪岩没有这样做，他跟王有龄合作，不是完全为了自己的私利。这么一来，王有龄就成了他的垫脚石，把他捧上去，他就跟左宗棠接轨了。如果他栽在王有龄这一关卡上，那就没有办法跟左宗棠合作，更别说以后的发展了。

胡雪岩和王有龄很有默契，关系发展得非常好，但是王有龄却那么早就死了，这让胡雪岩很伤心。但如果胡雪岩只是伤心，只是烦恼，甚至还要跟王有龄同生死共存亡，那么他这辈子也不会有什么出息。

胡雪岩是会读书的人，虽然读的书很少，但是《三国演义》《孙子兵法》里面的要点他都能够领会，并能够应用在实际生活当中。在《三国演义》中，关公一死，刘备只知道哭，根本没有心情跳出来想别的事，所以后来整个蜀汉都危险了。但胡雪岩知道，一个人光是伤心是没有用的，既然王有龄是为了守杭州城而死的，自己就要完成他的遗愿，要收回杭州城，使它恢复原貌，这才是自己该做的事情。这样，王有龄的死就成了胡雪岩奋进的动力，成了一块名副其实的垫脚石。

一块大石头，你第一眼看到它的时候，千万不要去踢它，因为你踢不动它。踢石头的人是最笨的，一定会自己痛得要命，石头却无动于衷。不过，当你要去踩它的时候也要小心，因为万一踩不稳掉下来，后果也是很严重的。所以，一块石头你是把它变成绊脚石，还是变成垫脚石，就看你自己怎么去拿捏，这个拿捏的分寸非常重要。我们用一个字来讲，就叫作"度"，掌握这个度很关键，过犹不及，如果拿捏不好最后就是绊脚石。

左宗棠这块石头不知道比王有龄大了多少，按理说胡雪岩是爬都爬不上的，可是他居然有办法把左宗棠也变成自己的垫脚石。用今天的话说，这叫作站在巨人的肩膀上出发，一开始就领先一步了。

胡雪岩虽然帮了左宗棠的大忙，得到了左宗棠的赏识和信任，但是对于左宗棠，胡雪岩始终保持一定距离，因为左宗棠毕竟是朝廷重臣，如果在别人面前跟他太过亲近，不免会被人说三道四，这是非常不利的。胡雪岩很懂得这一点，所以在处理与左宗棠的关系上，他非常谨慎，在度的方面拿捏得十分准确。

左宗棠一直在外边打仗，总是不断地给胡雪岩提出这样或那样的要求，胡雪岩从不抱怨，对于左宗棠交代的事情也总是尽全力去完成，没有把这些看作是自己的负担。一个人如果把工作当成负担，一定会很烦恼，工作做不好，自己也不开心。但如果把工作当作自己本来就应该要做的事情，只怕自己做不好，而不是去埋怨任何人，那工作就是他最大的垫脚石。这个观念影响了胡雪岩的一生。

胡雪岩最后败了，是什么原因？他败给了自己放置的一块小石头——在贷款时多报了利息。这个小石头看起来很小，但是当胡雪岩越走越高、越走越快的时候，这个小石头的能量也就越来越大。一个从高楼上掉下的铁钉会穿透厚厚的钢板，一只不起眼的小鸟能撞毁高速飞行的飞机，都是这个道理。

当一个人看惯了大石头以后，往往就会忽略那些小石头，这也是我们要小心的。大石头固然有用，小石头也不能轻视。当一个人太过专注于看大人物的时候，就会在不经意间得罪了小人物，而最后恰恰就栽在了小人物手上。

知人者智，识人用人皆有成

🌀 人用对了，就什么事情都会对，人用错了，就什么事情都错了。

《人物志·序》中说："圣贤之所美，莫美乎聪明；聪明之所贵，莫贵乎知人。"圣人贤者美好的地方就在于明察事理，明察事理可贵的地方就在于善于知人。老子也在《道德经》中说："知人者智，自知者明。"能够了解他人的人是有智慧的，能够了解自己的人是高明的。想成大事，得学会识人用人。

有人说，学会任何一种学问，就能利用相应的资源，而学会用人，就能事业有成，带领团队取得更大的发展。用人的学问为什么如此重要？因为当你不会用人的时候，给你再多的人也没有用，再好的人才，到你的组织中也都被你浪费了。

学会用人很重要，人才就是财富。人用对了，就什么事情都会对，人用错了，就什么事情都错了。

西方人用人比较简单，不会的话照着书去操作就好了。而我们中国人用人，如果不了解中国人的特性，没有领导用人的智慧，就算看再多书都没有用。

严格说起来，领导者的主要工作就是识人、用人，也就是知人善任。如果真的很有把握，不但知人而且能够善任，我们建议领导者其他的事情其实都不必做。这不是不劳而获，而是乐享其成。

胡雪岩的生意越做越大，不仅钱庄在各地开起了分号，还能接触其他行业，比如典当、丝绸业、军火等。面对这么多生意，胡雪岩一个人自然是忙不过来的，尤其是地方的钱庄分号，每个分号都必须要有一个经理负责。因此，胡雪岩必须对负责人严加考察，在用人上，他形成了一套自己的用人观。

当初在培养钱庄档手刘庆生的时候，胡雪岩就已经悟出了一套方案。胡雪岩需要考察他对本行业的了解情况与他掌握的技术，因为胡雪岩本身是钱庄出身，自然对钱庄的大小事务了如指掌，于是也就能随意出题考验他。结果，刘庆生都能一一答对，这属于专业性的一种考验。胡雪岩对刘庆生很满意，但是光凭借出色的专业知识是远远达不到胡雪岩用人标准的。

胡雪岩还要考察他的定力和耐性，他经常会找机会和刘庆生谈论一些其他的事情，而且常常谈论起来就是一两个时辰，而刘庆生却从未表现出反感，他一边接着胡雪岩的话语继续说下去，一边观察胡雪岩的情绪和状态，好准备下边的话语，胡雪岩这才觉得刘庆生够格提拔。

胡雪岩经常观察自己身边各种各样的人，一旦遇到能够为其所用之人，他定然不会放过机会。有一次，胡雪岩深夜睡不着觉，听见外面很远处传来阵阵的敲更声，胡雪岩听这人敲更的声音非常均匀和谐，他心想这人一定心底沉稳，平和不惊。而且，胡雪岩连续听过几个夜晚，每次都非常准确，便觉得此人做事认真仔细，不会马虎行事。于是他就决定让这个敲更的人做自己仓库的库管，如果有这样的人在仓库里，那么他就可以放心了。

不识人最可悲，这是领导者不可忽视的警语。最要紧的是人不可貌相，不应该仅凭第一印象就给人下定论，以免看错了，痛失良才。领导者识人，至少要把握三大原则。

第一，从外见内。

观人不是泛泛地看，而是深入地体会、观察。识人要从一个人的外在表现看出他的内在实质，这并不是一件简单的事情。外在表现包括精神、筋骨、气色、仪容、言行等，以此来了解一个人所具有的内在性情。人情的变化，相当繁杂，几乎人人各不相同，必须进一步分析利弊，以供知人善任之用。

第二，由显见微。

处世的原则，在见微知著。识人的要领，刚好相反，应该由显见微。有些人东张西望，有些人则气定神闲。前者常常拿不定主意，后者可能是临危不乱的高人。一个人的气质，很容易从他的容貌和姿态上反映出来。但是如何从这些明显的特征中看出细微的性格，这就需要丰富的经验和学识。领导者识人，看到一个人的大体形态之后，还要深入了解，从细微的动作上，判断这个人的修为和言行，如此便不至于看错人。

第三，识同辨异。

人看来看去，似乎只有那么几种类型。然而再细加分析，同一类型的人，又有不同的性情。从同中发现差异，殊为必要。比如王莽和诸葛亮，有很多相同的地方，结果王莽篡位，而诸葛亮鞠躬尽瘁。领导者若是不能识同辨异，把王莽看成诸葛亮，岂不是自寻倒霉？

其实，自古迄今，识人的原则大致相同。唯有细心、用心，才能真正识人知心。

胡雪岩用人有自己独特的标准，比如，他曾经说过"不招人妒是庸才"，他认为遭到人们嫉妒的多是能干之人。因为"人出于众，人必非之"，在选人时就应"不以人非而非之"，所以他在用人时，以自己的判断为准，很少听从其他人的评价。因为他知道，一个有才能的人，可能会引起同事们的嫉妒而被一些人说坏话。

胡雪岩不以人非而非，独具慧眼，这种本事为自己招揽了很多高才。

胡雪岩的身边有一个得力助手叫古应春，他在帮助胡雪岩与洋人做生意上，起到了非常重要的作用。古应春是上海洋场的"通事"，也就是外语翻译。虽然他英语翻译水平很高，但是性格耿直，得罪了很多同行。

胡雪岩并没有听信别人对古应春的负面评价，他在与古应春谈话、交往之中发现，古应春很有才干，而且他不满洋人侵占中国人的利益，这些都可以判断他是可用之人。

于是胡雪岩就提出了与古应春合伙同洋人做生意的要求，古应春十分痛快地答应了。此后胡雪岩与洋人做军火交易，比如同英商哈德逊谈判，以合适的价格及时地买到两百支枪、一万发子弹；还有把生丝销往洋庄，比如第一笔几万包生丝在上海卖给洋人的生意，就一举赚得十几万两银子，古应春在其中功不可没。

胡雪岩认为，大凡受人非议的人物，必定有非常之行为，必定身遇非常之事，只要能够查明事因，对症下药，定能为我所用。胡雪岩深谙"不遭人妒是庸才"的道理，所以对于下属打的"小报告"，处理时也很谨慎，因为他知道，那些打小报告的人，多是出于嫉妒的心理。在胡庆余堂里有一个负责进货的经理，按规矩应该叫"阿二"，但是这个人在进货方面很有能力，所以胡雪岩就叫他"进货阿大"。这么有能力、又被老板看重的人物，避免不了遭人妒忌。

有一次，胡庆余堂的一个采购人员不小心把豹骨当作虎骨买了进来，而且数量不少。进货阿大认为这个采购人员平日做事很牢靠，忙乱之中未加详查就把豹骨入库备用。有个新提拔的副档手得知此事，就认为经理工作马虎，加之他一直认为自己的能力不比经理差，于是就伺机告诉了胡雪岩。

胡雪岩当即到药库查看了这批药材，命药工将豹骨全部销毁。因为自己的工作失误给药店带来了巨大的经济损失，进货阿大羞愧地递交了辞呈。不料，胡雪岩却温言相劝："忙中出错，在所难免，以后小心就是。"

但对那位自以为举报有功、等着奖赏的副档手，胡雪岩却发了一张辞退书。对于这种人，胡雪岩觉得万万不可用。他认为不管是经理还是普通员工，在工作时都难免会有失误，但是失误并不要紧，只要下次记得注意、改正就行。可是，像副档手那样的人是不能容下的，见机就报复，或者趁机告密，为赢得上司的好感或为自己的利益而不择手段，完全不为整个药堂的大局着想，这样的人，胡雪岩是断然不能用的。

经过这件事情之后，进货阿大不但及时处理好了那些虎骨的事情，而且日后更加地卖力工作，对胡雪岩也更是忠心不二。

从这里可以看出胡雪岩识别人才的方法，也可以看出他不拘世俗、高出一般人的眼光。这是想要成就一番事业的人应该学习的用人、待人的态度，切莫偏听偏信。

胡雪岩用人，还有一个非常重要的特点就是知人善用，他能清醒地认识到每个人都是不同的，把合适的人放在合适的位置上。

胡雪岩刚刚在湖州发展自己的蚕丝业务时，遇到了一个名叫陈世龙的人。他是一个好赌之人，但此人的头脑非常灵活，也比较有耐性，胡雪岩后来就想重用他，于是就让其在自己的蚕丝业务方面做帮手。此人年轻好学，胡雪岩后来又把他调到了上海的蚕丝店里，并出钱让他去学习英文。因此，陈世龙对胡雪岩充满了感激之情，在工作上自然是尽心尽力，并在后来胡雪岩与洋人打交道过程中起到了重要的作用。

胡雪岩的用人之道的确是十分高超，但是这种高超之中却存在着一定的冒险。像陈世龙，一个嗜赌成性的人放在现代社会里一般是没有人雇用的，但是胡雪岩敢用，并且挖掘其潜能，然后充分利用，胡雪岩真可谓是大胆用人，智慧用人！

用人的长处，但是要避免他的短处，因为人无完人，各有长短。

你去哪里找完人？当你开始批评你的部属的时候，你就要告诉你自己，我也不是完人，我也有缺点，你的心情就会改变。我们既然找不到一个完美的人，就只有看他的长处，不要看他的短处。具体的方法是什么？把部属的优点放在你的眼睛当中，把他的缺点放在你的肚子里面。

胡雪岩深知用人的重要性，自己的产业越大，需要应付生意的人就会越多。当然除了自己店铺里的伙计们，在生意之外的其他领域里也要因人而异，适当地重用。

胡雪岩不但懂得识人用人，还有一点非常厉害，那就是安人。

胡雪岩一旦决定录用一个人，一定会询问其家中的老小、住在何地、以何为生等问题，然后把他们全家人的开销都包揽下来。这是胡雪岩与其他人不同的地方，胡雪岩必须要解除被雇用者的后顾之忧，因为他提拔的经理或者档手大都是从店里的伙计中选出来的。这些人的家境都不是特别好，上有老下有小，依靠自己的薪水度日，这些人工作的时候肯定会顾及自己的家人，难免会分心。

胡雪岩想到了他们的切实问题，并恰当地解决，从而减轻了下属的压力和负担，这样一来，这些经理自然会对工作尽心尽力。

除此之外，胡雪岩还创立了阳俸和阴俸制度。阳俸指的是对于那些老员工，晚年不能工作了，但是胡雪岩照样给他们发放薪水；阴俸指的是，药堂内的员工去世之后，胡雪岩依然给他们的家属发放一定的薪金，按照员工工龄来计算发放数额。这样一来，既保障了员工家属的生活问题，也提高了店内员工的积极性。因此，员工们大都很安分、勤劳地工作而不愿意离开。

胡雪岩的这些做法不仅赢得了员工们对他的忠心，还大大提升了店铺的效益，因而生意做得更加红红火火。

中国人喜欢随遇而安，随时随地都要安，时时刻刻都要安，只要不安，就不能安心地做事情。所以说，用人一定要安人。安人是什么意思呢？用通俗的话来说，就是把人安顿好。当老板其实只有一个任务，就是把人安顿好。人一安顿好就没事了，人没安顿好，即使有天大的本事，也无法打动他的心。

西方管理以事为中心，拿人来配合。而我们以人为本，因为事在人为，有人才有事，人是来办事的，不应该当作资源来看待。人员的成长，才是公司长远发展、生生不息的保障。

两千多年以来，我们中国人都在以人为本。孔子最了解一句话：人活着，就有价值。人不是因为有了工作、有了贡献，才有生存价值的。在中国人的传统思想中，一个人活着，只要修养好且不伤天害理，不伤害别人，他就有价值，这就是"上天有好生之德"。

所以，必要时我们就要弃财保人，宁可吃亏一时，不能使自己对不起人。不论是自己人或他人，都应该如此。

现在，有些人盲目地接受西方的观念，视人犹物，把人当作资源看待，整个社会也不再以道德的标准来衡量人，而是"一切向钱看"。他们往往认为，一个人赚了钱就了不起，没赚钱就瞧不起；一名员工给公司带来利润就有价值，没有创造利润就没有价值。这种看法是不对的。

管理者一生最了不起的成就，应该是培训一些人才，带出一些可靠的部属，而且青出于蓝，更胜于蓝。因为人才辈出，社会才能进步，人类才有幸福的可能。

　　人才可贵，绝非钱财能比。

胡雪岩的人生智慧

立德业，才是不朽基业

小赢凭智，大赢靠德

> 我们做任何事情，都要想到道与德，然后看重自己所得到的东西。人只求问心无愧，其他的其实都不是很重要。

老子说做人，一辈子只要四个字就够了，叫作尊道贵德。《道德经》第五十一章讲："道生之，德畜之，物形之，势成之。是以万物莫不尊道而贵德。"道生成万事万物，德养育万事万物。万事万物虽表现出各种各样的形态，但环境使万事万物成长起来。故此，万事万物莫不尊崇道而珍贵德。

我们做任何事情，都要想到道与德，然后看重自己所得到的东西。这个所得到的东西，并不是说可以得多少钱，可以得多少名，而是你内心很充实，是按照道德在做，是问心无愧。人只求问心无愧，其他的其实都不是很重要。

永远记住，只有德业才是不朽的基业。否则，你企业发展得再大，连锁店再多，最后都会倒掉；你赚再多钱，积累再多财富，最后都得败掉。

胡雪岩一生伟绩中唯一留下来的、名声又很好的只有胡庆余堂这家老字号药店。胡雪岩在 1874 年开始筹建，并于 1878 年在杭州西湖吴山脚下建成胡庆余堂，它与北京的同仁堂共同成为中国近现代史上最著名的两家国字号医药堂。

　　胡雪岩本身是做钱庄生意的，他之所以开起药店也是有一定渊源的。当初左宗棠在战场上，战事吃紧，士兵难免受伤，如果受伤之后不及时治疗，病情就会恶化，其后果不堪设想，并会严重影响战局。胡雪岩想，要是能有方便快捷的药物供应随军营行动，那就能解决士兵的伤情问题，为战争形势带来好的转变。于是，胡雪岩就想要制造更多的药材，想要自己开药店，并且他把这一想法告诉了老中医和朋友们，大家都同意这样做。因为这样既能照顾那些军队将士，又能造福百姓，还能赚钱。

　　但是这只是胡雪岩最初的想法，他并没有付诸行动，是另外一件事情才真正促成了胡雪岩的实际行动。胡雪岩的母亲一生心善信佛，看到百姓因为瘟疫而受难，士兵因不能及时医治而痛苦，胡母十分痛心。在很久以前，胡雪岩的母亲就想开一间药店，救世济民。她看到了儿子平时的善举也感到欣慰，当胡母听说儿子要开药堂的时候，心里更是高兴。她找到胡雪岩，并把自己的想法告诉了儿子，于是胡雪岩完全按照母亲的意愿真正地开设了药堂。

　　接下来，胡雪岩一方面聘请名医，找到药农，联系众多渠道。另一方面则抓紧时间配制药品，因此在药店还没建成的时候就已经配制出了"红灵丹""诸葛行军散""辟瘟丹"等药物，并及时送到曾国藩和左宗棠的军营中，为战事发展起到了很大的积极作用。后来，胡雪岩便积极地投身到药堂的建设上。首先在吴山脚下，花费三十万两银子来兴建药堂，其建筑具有浓厚的江南园林特点，有精致的雕花和高大的门楼。药堂建成之后，胡雪岩花费了大量的心思给药堂起名为胡庆余堂。

胡庆余堂开业后的第一件事就是免费施药。胡雪岩早有打算，要先赚人气后赚钱，先把顾客群拉过来，然后再推出货品，而不是推出货品以后再去打广告。因为刚开业还没有知名度，很多人都不知道胡庆余堂，更不敢随便来买药，于是他就先送药，送久了知道的人自然就多了，人们慢慢对胡庆余堂就有印象了。开办任何行业的商号，都要有回收成本的概念，只有做药是个特例，要有先赔三年的准备，如果没有赔三年的本钱，最好不要做药。胡雪岩从开始就做好准备，先赔上个三五年没关系，可见他的眼光是非常长远的。

在送药的同时，胡雪岩还出资在钱塘江建码头，设立义渡。因为那时钱塘江的江面上没有桥，人们都是靠轮渡过江。虽然渡船的价钱不是很高，但是对老百姓来讲也是一笔开销，胡雪岩设立免费的轮渡，百姓当然是求之不得。至于施茶施粥，这些胡雪岩也一直没有停过。

胡雪岩的这些做法和用钱来做广告相比哪个比较实在？当然是他做的这些比较实在，得到好处的人心里面会记住，还会告诉周围的人，这样一传十，十传百，自然就有口碑了。胡庆余堂有了好口碑，加上疗效显著的好药，客户自然就来了。

如果有机会去杭州看看胡庆余堂，你就会发现，它的建筑风格跟一般的药店不一样。有的药店，生怕别人不知道是干什么的，所以门开得很大，招牌也挂得十分显眼。只要顾客进门以后，开门见山就问，你要买什么药？老实讲，如果自己或家人没有病，谁也不会去药店，所以去那里的人，心情不会是愉快的。胡雪岩懂得这些，他将胡庆余堂的环境布置得很优美，有长廊，有水池，有很多休息的地方，走累了可以坐下来歇歇脚，这样，顾客紧张的心情一下就放松了。进去以后，店里的服务也很不一样。店员不会见到顾客一进门就讲欢迎光临，开药店讲这种话用意何在？所以他们会很关心地同顾客聊天，你最近身体怎么样了？是不是好一些了？即便什么都不买，进来坐坐，喝口茶也欢迎。这样给人的感受与其他药店是完全不一样的。

我们可以讲得很清楚，如果没有胡庆余堂，就算胡雪岩曾经在幕后替左宗棠操盘，我们也不会记得他。但他有了胡庆余堂，大家看到胡庆余堂就会想到胡雪岩，这是他一生最了不起的功德。

正因为重视德行，胡庆余堂的口碑历经百年，长盛不衰，很多员工一家三代、四代都为其服务。因为他们觉得能在这样的地方工作是一种荣耀，一代一代的经营者将胡庆余堂爱国、爱人、爱本业的精神传承至今。一种精神，现在叫作经营理念，要真正能够传承下去，事业才能长久发展，否则的话，徒有其名、虚有其表是没有任何意义的，更不可能传承久远。

一百多年过去了，胡庆余堂现在仍保留着腊八施粥的传统，每逢端午节还会向客人施香袋，一年四季在药店内免费供应茶水。

尊道重德，必须具备下述三大信念：

第一，当"功利"与"道德"相冲突时，以"道德"为优先。

功利并非完全是坏的。合乎道德的功利，基本上属于真功、正利，值得我们用心去追求。但是，虚假的功，邪恶的利，往往违背道德良心。这时候必须要坚持自己的信念，做到"有所不为"。

勿因恶小而为之，也不可抱着"只此一次，下不为例"的念头为恶，以免"尝试一次，就停不下来"，养成坏习惯，必然害死自己。

越是成功的人，越应该"有所不为"。因为伴随成功而来的权势，会令人腐化，若是尽力扩张"有所为"，势必增大为恶的概率。某些人奋斗一生，却败于成功之日，便是不知自制，认为"我这么成功，肯定做任何事都有十分的把握"，因而掉入深渊，后悔莫及。

第二，当"独吞"与"分享"相冲突时，以"分享"为优先。

整个世界，越来越息息相关。中国人一方面认为"四海之内，皆兄弟也"，一方面倡导"有钱大家赚"的观念，以求"有福同享"。成功要靠"大家一起来"，依靠更多人的智慧与努力，才能够造就更大的成功。

要激发更多人的智慧与努力，必须诚恳地与大家共享所得的成果，这样大家才会心悦诚服地长期共处，不致"见好就分散"，徒然分散了实力。凝聚众人的力量，最主要的因素在分享。独吞利益等于欺骗众人，大家一旦觉察，立即掉头离去。独吞不仅愚蠢，而且不道德。

胡雪岩深谙分享之道，他不但分享利益，荣誉也与大家共享。

自满清入关建制以来，富商捐官戴红顶者有，但既戴红顶又穿黄马褂的仅胡雪岩一人。左宗棠想尽办法帮胡雪岩弄了一件黄马褂，胡雪岩有没有天天穿？他如果天天穿，所有人看了都会觉得很刺眼，都会因嫉妒而不断地找他麻烦，那样恐怕他连一年也活不了。我们平时要把很难得的东西藏起来，不要常常显露出来，就是这个道理。

胡雪岩是个聪明人，他平时很少穿它，但每年正月初五，却一定要穿上这件黄马褂向全体员工敬酒，以此来表示他对员工的谢意：我依靠大家的帮助，为朝廷做了贡献，得到了这件黄马褂，这个荣耀是大家的，黄马褂虽然穿在我身上，就等于大家穿一样。这样一来，所有的员工都很振奋，接下来一年的工作，干起来都会倍加勤奋。

胡雪岩为什么选在正月初五？因为那是一年中最重要、最吉利的日子，春节过后商铺开工都会选择那一天。中国人做任何事情都很讲究"时"，一件黄马褂，穿的"时"对了，效果事半功倍；穿的"时"不对，就毫无意义，甚至会招来麻烦。所以，每件事情有没有功效，完全看人怎么去运用，而不在于事情本身。

事到如今，胡雪岩应该是心满意足了，不光自己得到了能得到的一切，而且连母亲也跟着荣耀十足。可是这对他并不见得有什么好处。一个人，没有得到奖赏之前，所有人都跟他处得很好；一旦得到了奖赏就可能会被孤立，所有人都会用异样的眼神看他。胡雪岩就遭遇到这样的压力：同行看他不顺眼，同事也觉得他怪怪的。

中国的阴阳文化告诉我们，一切都是两难：做有做的好处，也有做的缺点；不做有不做的弊端，也有不做的好处。这种两难的设计，说来实在是中国古圣先贤的高明之处。因此，中国人不会像有些西方人那样，说做就做，那种人成不了气候。我们在做事情之前会花时间认真思考，做很周全的盘算，然后才会出手，谋定而后动。那么，胡雪岩在他人生最得意的时候会怎么做？

了解胡雪岩的做法之前，我们不妨先做个测试：当有朋友问你，买股票赚了吧，你怎么回答？你说赚了不少，对方的脸色会马上变得很难看。有人凭着一知半解，会理解成这是因为中国人容易嫉妒，见不得别人的好。实际上绝对不是这样，只是你自己不会回答而已。

如果有人问我炒股票赚到钱了吗，我别的不讲，回答的第一句话是："我请你吃饭，因为我赚了一些钱。"你为什么不先说请人家吃饭，而先说赚了不少钱呢？中国人的想法就是：你赚了钱就该主动请客，难道还要我要求你吗？这么小气的朋友，不要也罢。所以，不论得到什么好处，有人问起就应该二话不说，马上请对方吃饭，地点由他挑，吃几次都无所谓，这样你赚了钱，他也会为你高兴。胡雪岩懂得这种心理，他处处和周围的人分享所得，同行的事情也会尽力帮忙。当我们得到好处的时候，首先要想到别人，而不是只顾自己。现在有些人就是因为欠缺这种心态，所以总和周围的人相处不好。

胡雪岩说过一句话：有好处大家一起分享，有困难我一个人担当。这种话现在没人敢讲，因为我们很难做到，但是胡雪岩真的做到了。要冒险我去冒，要吃苦我来吃，有好处大家分。有这样的风范，才可能减少别人的嫉妒。

第三，当"应该"与"喜欢"相冲突时，以"应该"为优先。

我们再三申明，绝对不要用"喜欢不喜欢"来抉择自己所面临问题。"只要我喜欢，有什么不可以"，这是害人害己的念头，千万不要这样想。

一件事，先想"应该不应该"。不应该做，依照第一信念，将它排除；应该做，再问"喜欢不喜欢"。喜欢表示自己有兴趣，会做出趣味来。不喜欢，就要培养兴趣，设法让自己愉快地完成。

不应该做的事，自己再喜欢，也要克制自己，改变念头，不可以做。见不善而不为，见不义而不为。

应该做的事，自己再不喜欢，也要勉强自己，用行动来改变自己的观念，这才是"择善固执"。

"我喜欢"是一句天真又相当幼稚的话。成功的人，必须把"喜欢"放在"应该"的后面。如果应该，我会喜欢。若是不应该，喜欢也要变成不喜欢。

人之所以为人，恐怕就在于此。

信用是人的第二生命

> 诚信是做人的根本，人无诚信不立，家无诚信不和，业无诚信不兴，国无诚信不宁。一个诚信的人，谁都喜欢和他打交道。

人无诚信不立，家无诚信不和，业无诚信不兴，国无诚信不宁。诚信是做人的根本，现代社会诚信状况总体是好的，但也存在一些突出问题，如制假贩假现象屡禁不止，商业欺诈现象屡见不鲜，还有年龄、学历、论文造假等。那么，究竟应该怎么看待诚信缺失这个问题，我们又该怎么做呢？

老子在《道德经》中讲得非常清楚："天道无亲，常与善人。"老天不会特别照顾谁，但是常常会照顾真正善良的人。为什么要照顾善人呢？因为他的思想和行为符合天道，而天道就是讲诚信向善的。一个人为善、讲诚信，不管他学没学过道，他都起码是暗合了天道。

暗合了天道，自然就是在积累德行。《易经》上说："积善之家，必有余庆。"再加上"自作自受"的因果规律，所以上天就会给予正向的回报。《易经》中的中孚卦说："我有好爵，吾与尔靡之。""我"跟"吾"，指的都是上天，上天会给你好的天爵。

我们常常讲，照道理去走，即使在正业上可能赚不到钱甚至亏本，老天也会在别的地方给予补偿，就是这个意思。

其实，老天有的就是看不见的天爵，它会给你，别人看不到，只是有的人自己也不能感觉出来罢了。

胡雪岩常说："做人无非是讲个信义。"做生意与做人的本质是一致的。一个真正成功的商人，往往也是一个诚信之人。胡雪岩正是仗义守信，才获得比一般人更多的成功。

胡雪岩的钱庄开业不久，接待了一个特别的客人。此人名叫罗尚德，是驻杭州绿营兵的千总。他年轻在家时，是个赌徒，定下婚约不提婚期，还因为好赌，用去岳父家一万多两银子。最后岳父家提出，只要罗尚德同意退婚，宁可不要银子。这刺激了罗尚德，他不仅同意退婚，并发誓做牛做马也要还上银子。

罗尚德后来投军，努力十几年熬到六品武官的位置，又省吃俭用，积蓄了一万两银子。正当罗尚德准备回家还债的时候，去前线作战的军令到了，要到江苏与太平军打仗。他觉得去战场很有可能有去无回，自己无亲无故，银子放在身边也不方便，因而把银子存入阜康钱庄。他既不要利息，也不要存折，因为他相信阜康钱庄的信誉，同时也因为自己上战场出生入死，存折带在身上是个麻烦。

胡雪岩得知此事后，对这位千总说："承蒙你看得起小号，你的存折我们一定替你好好保管，你放心便是。"他当即决定：虽然对方不要利息，但仍按照三年定期算利息；虽然对方不要字据，也仍立字据交由钱庄经理刘庆生代管。

不幸的是，罗尚德后来战死沙场。临死之前，他委托两位老乡将自己在阜康的存款提出，转给老家的亲戚。两位同乡没有任何凭据就来到阜康钱庄，办理转移手续，原以为会遇到一些刁难或麻烦，甚至担心阜康会赖账。他们却没想到，除为证实他们的确是罗尚德同乡，请人出面作证外，没费半点周折，就连本带利为他们办了手续。

胡雪岩还当面问两位同乡："是你们替他带着，还是由钱庄负责送回老家？"同乡说，他们拿着也不方便，希望能由钱庄负责送回。胡雪岩立刻答应，并安排人马上办理，把存银如数奉还给罗尚德的家人。

罗尚德手上没有任何字据，帮他办理这笔存款的人，也同他没有很大的关系，倘若否认这笔存款，当然无可厚非，在商场上并不是没有前例。阜康却不肯做，从这一点上，我们能够看出来胡雪岩仗义而守信的人品。

阜康钱庄奉还了罗尚德的那笔存款，两个帮罗尚德办理取兑的同乡回到军营，讲述了他们的经历，使阜康的声誉一下子在军营传开了。所有人都听说把银子存在阜康钱庄非常保险，连存折都可以不用拿，到时候钱庄都会算得清清楚楚，不差毫厘，因此都把自己的积蓄甘愿长期无息地存在阜康钱庄，到阜康钱庄存款的人络绎不绝。

阜康钱庄收到的存款越来越多，于是有干部跟胡雪岩建议，要把这些收来的款项想办法放贷出去。这种想法很正常，因为钱庄就是靠存贷款之间的差额盈利的。但是胡雪岩不同意，他告诉干部，只存款，不放款！

干部听了十分不解：收了存款要付给储户利息，不放款就赚不到钱，就这么往里面贴钱，还怎么能经营下去呢？

胡雪岩有自己的看法：大家都这样做生意，那这种生意还有什么好做的？而且现在兵荒马乱，放贷的风险非常大，放出去的钱一旦收不回来就是死账，本息无归岂不更糟糕？

干部听了也觉得有道理，但是更加迷惑了：那我们怎么办，总不能没有收入，只是这样白白地倒贴利息吧？

胡雪岩停顿了片刻，终于说出自己的想法：开当铺！俗话说，钱庄是有钱人的当铺，当铺是没钱人的银行。世道不太平，有钱人把钱放在手里不安全，自然要将钱存入钱庄，而没钱的人想维持生计，就要动脑筋做点儿小生意，去当铺典当点儿东西作为本钱，这对他们来说也是条出路。

胡雪岩认为，有钱的人在钱庄借贷，典当的是自己的信用；没有钱的人在当铺典当，抵押的是自己的物品，二者都是客户，并没有什么区别。所以他一再嘱咐柜上，对前来典当的穷人该当多少钱就给多少钱，坚决不许克扣杀价，更不能乘人之危，赚取不义之财。

信用是人的第二生命，胡雪岩对此坚信不疑。不管公私事务，他都诚信守诺，所以听到他讲的话，大家从不质疑。

当时外国银行不信清廷而独信胡雪岩，肯把巨额款项借给他，被世人认为是奇迹。这看上去不太可能，但事实就是这样。

胡雪岩虽然在钱庄、生丝、粮食、军火等各项生意之间拆借使用资金，但是他跟别人不同，一方面他谨慎小心，运用合理；另一方面他不管对待大小客户，都是一视同仁，讲求诚信，从不蒙骗赖账，这一点非常重要。

因为他自己知道，如果不讲诚信，即便使用这些所谓的策略一时赚到了钱，最后只会导致更惨重的失败。

胡雪岩曾经把"天为先天之智，经商之本；地为后天修为，靠诚信立身；人为仁义，懂取舍，讲究君子爱财，取之有道"作为家训。一个人讲信用，才是走得长远的最踏实的保证。

而中孚卦的六四爻也在告诫人们，为了利益而丢弃诚信的行为，最终换来的结局往往很悲惨。而这一点多少人一辈子都没有参透，最后就输得很惨。

比如在企业中，有的人跟领导很亲近，大家都知道领导很相信这个人。然后，这个人就开始利用手中的资源，来向员工索要各种好处。一般人都会这样想，既然有这么大的资源，不用白不用，那现在就要来笼络人心，争取民意。一旦被领导发现了，这个人的结局就会非常危险。

因此，讲诚信的善果和不讲诚信的恶果，都是要由自己来承担的。

一个人要诚信，必须要有一个起点。这个起点一旦错了，后面整个过程就会走偏。合乎道德的还好，不合乎道德还要去相信，结果一定是不好的。经过仔细研判，确定自己要相信了，就不能不专心，不能还有其他的想法。换句话说，确定它有价值，值得去相信，那就要深信不疑，不要再有很多理由。

胡雪岩创办的胡庆余堂就是以诚信作为起点的，并且始终如一。

胡庆余堂的二门背面，上刻"是乃仁术"四个字，这正是胡雪岩的开店宗旨，他把药业看作普济众生的事业。在店堂正中挂有"庆云在霄甘露被野，余粮访禹本草师农"及"益寿引年长生集庆，兼收并蓄待用有余"两副对联，这巧妙地把"庆余"两字用在两副对联的首尾。非常值得一提的是，在两副对联的正中，有一块大匾，上书四个醒目的大字——真不二价。这又是什么意思呢？

原来，自从胡庆余堂开业以后，老百姓看病买药几乎都到胡庆余堂，其他药店的生意自然就越来越清淡，于是他们就开始降价，想用低价把客人拖回去。胡雪岩的干部就不免有些紧张了，跟胡雪岩建议把胡庆余堂的药价也降下来，跟附近的药房搞价格竞争。胡雪岩却说："我们真不二价，绝不降价！"胡雪岩进一步解释说，真不二价倒过来念就是"价二不真"。其实，他并不是一定要真不二价，而是要客人明白价二不真，也就是说如果药价太低，是买不到真药好药的。药是人命关天的事，顾客买到真药最重要，谁会贪图那点儿便宜呢？胡雪岩不是将真不二价强加给客人，而是让客人明白价二不真的道理，可见，他很会抓住人真正的心理。

胡庆余堂内外各种招牌、楹联、匾额有50多块，都是挂向外面给顾客看的，唯有一块"戒欺"匾是朝向里面挂的。胡雪岩亲作跋文："几百贸易均着不得欺字，药业关系性命尤为万不可欺。余存心济世，誓不以劣品弋取厚利，惟愿诸君心余之心。采办务真、修制务精，不至欺予以欺世人，是则造福冥冥，谓诸君之善为余谋也可，谓诸君之善自为谋也亦可。"

其中"采办务真、修制务精"这两句话可以说是胡庆余堂的八字真经，胡雪岩说到做到，这是最难得的。为买到真材实料，胡雪岩规定要到全国各地坐庄办货。如到陕西办当归、党参、黄芪，到四川办杜仲、川贝、黄连，到东北办人参、虎骨、鹿茸，不能有一点儿差错。在制造的过程中，也严格遵守工艺流程，讲求精工细作，决不允许偷工减料。他不惜工本铸成金铲银锅，以此确保药品质量；炮制大黄要九蒸九晒，每个细节都不能马虎；生产"人参鳖甲煎丸"，从来不用已经死了的甲鱼，都是现用现杀。店堂内还设有一只大香炉，平时供顾客点吸旱烟，如发现不满意药品，可随手丢入香炉焚毁，另配满意的药品拿回去。

正是因为胡雪岩讲求诚信，表里如一，所以杭州城里的老百姓们都非常信服他，叫他"胡先生""胡大侠""胡财神"。

诚信是为人处世的根本，但对人诚信也是有前提的，那就是要明辨是非，慎始而后才有可能善终。

诚信不是挂在嘴上的，确定之后就要去实践，实践的时候，不可以再掺杂其他的利害关系。现在有些人讲究的是，要我做这件事，就得给多少钱，钱多就卖力一点，钱少就偷懒一点。最后结果一出来，不是一个人不安，而是所有人都不安。

我们中国人常常讲，既然答应人家，就算吃亏上当，也要做到底。但是这句话有个前提，就是不要随便相信别人。我们站在不信的立场来信，站在不要的立场来要，站在不讲的立场来讲，站在不知道的立场来表示自己知道一些，这才是合乎道理的做法。

一个地方，如果讲真话的人都开始不讲了，这个地区恐怕就越来越乱了，有一个故事可以证实这一点。有一个君王最喜欢千里马，很想拥有一匹，于是就叫臣子去买一匹千里马。臣子坚持原则去挑选，找来找去，也找不着千里马，但绝不滥竽充数。最后终于知道哪里有千里马，就高兴地跑去，结果马死了。但是他却花重金把这一匹死了的千里马买回去，所有人都笑他。君王也很不高兴：叫你买活的，你买死的干吗，死的有用吗？臣子表示，当我们把死的千里马都买回来的时候，所有有千里马的人，都会主动来找我们，因为他会觉得我们连死的都买，那活的就更加要买了。君王相信了他的话，果然得到了很多千里马。

可见，诚信不能只是挂在嘴上，而是要落实到行动上，而且要坚持不懈，持之以恒。

缺乏诚信，不管是喜怒哀乐，都不得其正，最后一定是反复无常。我们讲得很清楚，一个人干脆摆明了自己不诚不信，就是小人，别人要用就用，不用拉倒，不装成君子，这叫真小人。真小人比较不可怕，伪君子才是最可怕的。我们中国人最怕的就是伪君子，反而有时候还能接受真小人。

我们都知道，君子跟小人是两极化的。君子就是好，小人就是不好。但是要小心有的人外面是君子，里面却是小人；有的人是外面是小人，而里面却是君子。更可怕的是君子会变小人，小人会变君子，更需多加留意才是。若是一个人对别人的事情都是君子，偏偏选中你，在你面前处处是小人，那岂不是很糟糕！正是因为有这么复杂的情况，所以我们每个人都要自求多福。

自求多福就相当于我们自己的脚，要站得稳才行，否则的话有理都说不清，因为道理是牵来扯去的，不可能一刀两断。我们常常说，一个巴掌拍不响。意思是说凡是有争执、有是非的，都是两个巴掌，而两个巴掌，怎么知道谁对谁错呢？

我们常说：盛名之下，难以久居。一个人说自己讲诚信，那么所有人都要考验一下他是不是真的诚信。如果老板说"大家有话就说，我不会生气"，那就完了，所有人想尽办法都要试试看老板是不是真的不会生气。如果最后证明老板还是生气了，那以后老板就完全没有信用了。

所以，一个人坚持自己的诚信没错，但是最好放到心里头，不要说出来。自己心里非诚信不可，至于别人怎么感觉，那是别人的事情。我们要对自己的诚信，留下一些余地，话不要说得太满，就是这个意思。

大义为先，虽千万人吾往矣

🌀 把"义"记在心中，做应该做的事，虽千万人吾往矣。

中国人不会随便牺牲，因为身体发肤受之于父母，要爱惜，不可以使其受伤、毁坏。但是必要的时候，中国人一定会从容就义，因为四个字——民族大义。

历代多少先烈，为国为民，从容就义，文天祥、史可法，为国捐躯，在所不惜。

所以，你说中国人不怕死，但有时候他也很怕死；你说中国人很怕死，大义当前，却又丝毫不畏死。

胡雪岩为什么会被人铭记，做事首先考虑到大义是一个非常重要的原因。

一次次"领教"了西方人坚船利炮的厉害之后，清政府开始认识到，要想抵御外敌，必须建立自己的海军。

讲到造船，一直到明代，中国人的造船技术都是全世界最先进的。郑和下西洋的时候，我们的船是世界上最大的，而且一直远航到南美洲。以前说这些没有人相信，直到后来那里发现了郑和船队的残骸，人们才慢慢相信，最早发现美洲的并不是哥伦布，而是我们中国人。有人说中国人不懂管理，但郑和所率的船队大小船只共有两百多艘，船员两万多人，以当时的通信条件，能够远涉重洋，航程达万余里，没有高效合理的管理是根本不可能的。

有位欧洲人曾经问我，既然郑和到过那么多地方，为什么不把它们占领下来呢？我对他讲，你们搞错了，欧洲人看到新的地方就会想到要占领它，中国人根本不会，该是谁的还是谁的，我们最多也就接受一两次朝贡而已。他听了更不明白了，又问为什么是一两次。我告诉他，中国人是你送我一百块，我会回你两百块的，这样的话，第一次朝贡来一百人，第二次就会来一千人，要是第三次再来五千人，那不是要把我们吃穷了吗？这些观念外国人永远搞不明白。

长期和洋人打交道的胡雪岩当然懂得兴国强族的道理，所以就向左宗棠提出了制造轮船的建议，深得左宗棠赞赏。于是左宗棠上奏朝廷，要学习西方技术，自己兴建船厂。

左宗棠在奏折中说："欲防海之害而收其利，非整理水师不可；欲整理水师，非设局监造轮船不可；泰西巧而中国不必安于拙也，泰西有而中国不能傲以无也。"

1866 年，朝廷批准了左宗棠的奏折，命其在福建马尾主持兴办船厂，监造轮船。胡雪岩找来法国的技师，协助左宗棠筹建船厂。但就在船厂刚刚动工不久，朝廷突然下令将左宗棠调任陕甘总督。左宗棠赴任之前，一面向朝廷推荐江西巡抚沈葆桢任船政大臣，一面又竭力推荐胡雪岩协助料理福州船政局的一切具体事务。

1869 年秋，船厂的第一艘轮船"万年清"号下水成功，这艘轮船从福建试航一直行驶到达天津港。当人们首次看到中国自己制造的轮船时，万众欢腾，盛况空前，连洋人也深感惊奇。1871 年初，"镇海"号兵轮又下水成功。

远在边陲的左宗棠得知这些消息，特别写信给胡雪岩：

"闽局各事日见精进，轮船无须外国匠师，此是好消息……阁下创议之功伟矣。见在学徒匠作日见精进，美不胜收，驾驶之人亦易选择，去海之害，收海之利，此吾中国一大转机，由贫弱而富强，实基于此。"

一直被西方列强认为软弱无能的清政府，居然自己制造出了轮船和兵船，这是左宗棠在洋务运动中的一大功绩，当然其中也有胡雪岩的一份功劳。

然而，1884 年 8 月，法国海军借机偷袭马尾港口，将耗时十几年建设起来的福建船厂毁于一旦。为什么法国人能轻而易举地毁掉马尾船厂？因为我们请的是法国技师，用的是法国的技术，而他们根本不可能把真正先进的技术传授给我们。

所以，任何事情都要自力更生，要自己想办法，这才是根本。但是胡雪岩的功劳，我们还是不能忘记。

义，是中华文化非常特别的一点。在忠孝节义四个字里面，也是我们最喜欢、最欣赏的一个。

义的第一层含义是侠义。我们翻看中国的历史，只要看到出现侠义之师，都会很开心、很敬仰。比如，有很多侠盗，虽然是强盗，但他们劫富济贫，我们看到也会觉得开心。可见，侠义在中国人心目中是非常重要的。

义的第二层含义就是要讲义气。什么叫义气？就是当国家有难的时候，会不顾一切奔赴国难，拯救万民。这就要求政府平常要照顾百姓，如果政府平常不照顾百姓，到了国难当头的时候，百姓就不一定会甘心捐躯。

所以，我们常说国家不是求富强的，这是有道理的。富国强兵真正的目的，是使老百姓过安足的生活，而非以富国强兵本身作为目标。

一个国家不富国强兵，就根本没有力量让老百姓过安定的生活。国家富强了，有钱了，也不一定能让百姓安居乐业，因为资源不足，机会有限，个人志向不同，所以我们追求的是过安足的生活，而不是富有的生活。

义的第三层含义是理，讲的是应该不应该。不应该做的事，再怎么有利益也不能做。应该做的事，排除万难也要勇往直前。应该为国捐躯的时候，我一点也不害怕，尽管家中有老母亲等我尽孝道，但我从容就义，并非不孝，而是移孝作忠。因为国难当头时，孝与忠比起来，孝确实要小一些。

自古忠孝难两全，人人都想全，但是谁都做不到，所以才要做选择。

中国人这种慷慨大义的精神用四个字来说，就是从容就义。

从容，这两个字是什么意思？就是做好心理准备。一个人最怕的，就是心里没有准备。有的人怕死，为什么？就是因为对死不了解，心里没有准备。所以，一个人在世时，一定要对死有一定的了解。

当然，也有人会说，孔子不是讲"未知生，焉知死"吗？没有错，孔子确实告诉我们，如果不了解生，就没有办法了解死，这句话还有暗含的意思：如果把生了解了，就知道死是什么样了。后面那句话不能省掉，我们往往断章取义，把后边那句话省掉了。孔子没有把后面那句话写出来，那是要我们自己去体会的。

一个人要慷慨赴死的时候，心里头一定要非常清楚自己在干什么，不能糊里糊涂的。

人最怕的不是死，怕的是没有价值的、糊里糊涂的死。中国人一生的努力，就是为了追求哭着来，笑着走。

我们都是哭着来的，一出生就会哭，没有哪个刚出生的孩子不会哭，如果那样，接生的医生也会把小孩打哭。如果小孩不哭就表示他不会呼吸，不会呼吸就会窒息而死。

每个人都是哭着来的，我们穷尽一生的努力，为的无非就是最后能够笑着走，这样才平衡。如果一个人哭着来，最后又哭着走，岂不是白活了一世？

怎么才能笑着走？说起来很简单，就是求得好死，求得好死就是笑着走。关天培笑着走了，邓世昌笑着走了，他们都没有什么遗憾，因为他们不是作奸犯科而被抓斩首的，而是为国家、为民族而死，虽死犹荣！这才叫作从容就义。

胡雪岩非常了解义的这三层含义，在他经商的过程中，处处体现出他的这种大义为先。也正因为如此，他为国家做出了巨大的贡献，这是我们应该感谢他的。

立德业，才是不朽基业

胡雪岩对左宗棠最大的帮助，就是替他筹措西征的粮饷军需，实现了收复新疆的大业。

1866 年，中亚细亚浩罕国酋长阿古柏在外国势力的操纵下，占领新疆。左宗棠力主出兵收复新疆，后经慈禧太后批准，以钦差大臣身份奉命西征。当时的清政府无力支撑整个西征所需的庞大军费，除了拨付少数银两以外，其余银两则下令由东南各省协办。但是由于朝廷有人对西征有不同看法，各省都赖着不解或少解"协饷"，所需的军费迟迟不能到位。就在左宗棠最为难的时候，胡雪岩挺身而出。

他先是积极地替左宗棠去各省筹集银两，后来在战事紧张的情况下，自己毅然从钱庄里拿出一部分钱来给左宗棠救急，缓解了左宗棠在战场上的紧迫形势。后来在左宗棠军饷问题十分紧迫的情况下，胡雪岩再一次挺身而出，为左宗棠在上海的洋行里借出巨额钱款，最后终于帮左宗棠打赢了这场仗，收复了新疆。因此，左宗棠非常欣赏胡雪岩这种爱国的民族精神，并且屡次在上奏朝廷的奏折中褒奖胡雪岩，为胡雪岩赢得名誉和官衔。

左宗棠在西北打仗的时候，上报朝廷的奏折中这样写道："布政使衔福建补用道胡光墉，每遇军用艰巨饷需缺之时，不待臣缄续相商，必设法筹解。"

后来在收复新疆之时，胡雪岩对左宗棠的帮助不仅仅表现在向那些洋人借的巨款上，还表现在他自己掏钱购买军械装备上，而先进的武器是打败阿古柏的重要因素。

自 1866 年至 1878 年，左宗棠前后历时 12 年的时间，终于完成了平定陕甘、收复新疆的大业，把新疆这片广阔土地从分裂国家的叛军和外国侵略者手中夺了回来，重新置于中国版图之中。这是左宗棠一生最大的功绩，而胡雪岩在这当中所做出的贡献，也实现了他人生的最大价值。

讲到这里，我们慢慢就会明白，胡雪岩能够深得左宗棠的信任并跟他相处得很好，很重要的一方面就是因为他深明大义，做事以国家利益为重。

有的人问胡雪岩，你是一个商人，为什么要这样？他讲了一番话，到现在还值得我们钦佩。他说如果国家不安定，商人根本没有办法做生意。所以，做生意看起来好像跟国家没有直接的关系，但实际上只有想办法让社会安定，让大家过好日子，商人的生意自然会发展起来。这一番话到今天依然是正确的。

而在这个过程中，胡雪岩也得到了最大的回报，那就是实现了自己的人生价值，留下了流传后世的美名。

一个人不要奢求自己平安终老，寿命无限延长，死后躯壳不会腐烂，甚至还会复活，这些都是不可能的。人的一生唯一能做的就是使自己的精神永存于人间。

这一辈子，你到底要怎么做？到底想要留下点什么？自己要想清楚，然后去努力。因为人不是只有一世，还有生生世世，争一时不如争千秋，而死了才是千秋的开始。

这辈子能够达到什么样的高度，谁都没把握，但是以后总得比现在要高，这叫求上进。那怎么才算上进？唯一的办法就是像胡雪岩这样，把"义"记在心中，做应该做的事，虽千万人吾往矣。

我们和万物一样，都是道所生，死后也回归大道，"从无中来，回无中去"。

所以，其实人生只有一件事，就是随时随地借助各种情境提升自己的道德修养，让自己的精神永存世间，这是人人都走得通的一条大道。

放大格局，自有天助

> 越是嘴巴说得好听的人，做出来的事情往往越难看。

刘备三顾茅庐请诸葛亮下山，诸葛亮开始不答应。刘备一句话把诸葛亮说动了。"先生若不下山，天下苍生怎么办？"诸葛亮感动得快落泪了。心系天下，还有什么样的人才不唯你马首是瞻呢？于是，才有了后来诸葛亮帮助刘备建立蜀汉，形成三足鼎立之势，后又辅佐刘禅，做出六出祁山北伐中原的壮举。明知不可为而为之，鞠躬尽瘁，死而后已，实在是可歌可泣。

如果当初刘备说，我要打下一片天地，建功立业，将来封官晋爵，一定不会亏待你的。孔明心想，为了帮你成就霸业，我为什么要这么辛苦，还不如隐居在这里，不出山算了，还落得个自在。一个为天下，一个为自己，不同之处就在这里！

如果孔明不下山，刘备是一点办法都没有的。当然，他也可以听取张飞的意见，把孔明绑下山，可是像孔明这样高明的人，出不出来是一回事，出来以后能不能尽心尽力才是关键。因此，如果刘备没有三顾茅庐，没有表现出足够的诚意，只是嘴巴上说说，孔明是不会下山的。

可见，一个人有没有胸怀天下的格局，不是说出来的。在这里我们也特别提醒一下，越是嘴巴说得好听的人，做出来的事情往往越难看。孔子说："视其所以，观其所由，察其所安，人焉廋哉！人焉廋哉！"就是这个意思。

胡雪岩的格局也很大。胡雪岩的事迹通过左宗棠在奏折中不断提及，使得朝廷对他也很重视。当时在朝中掌权的慈禧太后听了左宗棠的褒奖之后，更是觉得此人功不可没，应该器重并给予嘉赏。左宗棠凯旋后，为了感谢胡雪岩的竭力相助，于是想趁此机会带胡雪岩一起进京面圣，接受赏赐。

胡雪岩知道左宗棠要带他去京师面见慈禧太后之后，虽然很高兴，但是他听说慈禧太后喜怒无常，爱取笑别人，不知道自己该如何应对，万一说错了话，就会引来祸患。然而，慈禧太后召见，又不能不去，于是胡雪岩做好了充足的准备，跟随左宗棠去了京师。

在去京师之前，胡雪岩就已经想好了退路。他没有见过慈禧，但是听人说慈禧喜欢捉弄人，爱发火，于是就叫来了家眷和下属，并告诫他们，一旦此次去京，有去无返，那么一定要保家弃财，还有自己的老母亲，胡雪岩也找了最亲信的人帮忙照顾。临行前，胡雪岩还亲自去庙里上香拜佛，以求平安。家中的事情打点好了之后，胡雪岩就跟着左宗棠去京城了。

终于到了慈禧太后召见他的那一天，胡雪岩很庄重地去了紫禁城，进行了一番问答之后，胡雪岩发现眼前这个慈禧太后对自己还是挺客气的，言语中也表露出欣赏和赞扬之意。一般来讲，要西太后召见一个商人已经是很难得了，见到还很客气，那更是难上加难。不过胡雪岩比较特别，之前左宗棠一而再、再而三地给西太后上奏折，说胡雪岩虽然是个商人，却跟其他商人不一样，不但出钱出力，还非常关心国家大事。左宗棠甚至还说，如果不是胡雪岩鼎力支持，他都没有信心能打赢这场仗。话都讲到这种地步了，西太后对胡雪岩的印象当然就很特别，所以就对他格外客气。

慈禧问胡雪岩："你属什么的？"慈禧会这样问话就是在告诉胡雪岩：你不用害怕，我已经把你当成比较熟悉的人了。我们平时一句话实际上会牵连到很多因素。

胡雪岩说："我是属羊的。"

慈禧听后，饶有兴趣地说："很好，我也是属羊的。"慈禧能这样说是非常不容易的，如果不高兴完全可以不说，何必让胡雪岩知道呢？然后，慈禧又问他："听说你对左大人帮助很大，我要替左大人好好谢谢你，你是想升官还是想发财？"

胡雪岩说："我只求国家安定，百姓安乐，自己能够好好做生意便知足了。"这虽然都是些冠冕堂皇的话，但我们不能以此就认为胡雪岩是在骗人，因为慈禧太后此时就在上面，他是站在太后的立场上来说这些话，是为了表示对慈禧太后的尊敬。也表示说：我虽然是个商人，但您老这么看重我，我不能辜负了您，也跟您有一样的心情，心系国家和百姓。

慈禧听了当然就很高兴，觉得这个人不是贪图小利的人，还很会说话，又都是属羊的，更加觉得有缘，所以西太后很高兴，非常慷慨，一句话就赏给胡雪岩四省财政收入的运作权。

哪四省？江苏、浙江、江西和福建。这个好处是非常可观的。当时清廷的经济来源，主要就是各地的税收，有了这些资金在自己的钱庄里，胡雪岩就不用怕资金周转不开而放弃一些生意，比如跟洋人在生丝方面的买卖，胡雪岩就可以放手一搏。胡雪岩在官位上也是加官两等，由原来的三品一直升到正一品，红顶商人的名声越来越大，因而一时间，胡雪岩在名利上达到了几近顶峰的位置。

这是胡雪岩觐见慈禧太后之前，根本没有想到的，他也不去想这些，因为凡是满脑子都是钱的人，一辈子都赚不到什么钱。

我们在开公司上也是一样，如果说你仅仅是为了赚点钱，我看那就算了，你眼睛盯着顾客的口袋，终究一事无成。我们主张，做企业要实实在在做人，脚踏实地做事，做个实干家，像鲁花一样，目标正大，方向明确，实业报国，惠利民生，不让消费者食用一滴不利于健康的油，这样怎么可能不获得巨大成功呢？赚钱，那都是副产品。

有人可能会抱怨说，我根本没有这样的机会。可机会是怎么来的，说难听一点，有些人不是没有机会，是他根本没有把握机会的能力。即使机会放在面前，他也把握不住，甚至根本看不到那是个机会。

现代人一个很大的问题就是，不读书。整天看一些只言片语的东西，然后自以为懂得很多，其实脑子里的东西都是散乱的、不系统的。因此，我们建议大家回过头来，好好读一读书。读书是为了什么？明理。因此要读能开智慧的书，读我们老祖宗留下来的经典。当然，你不可以读死书，否则就变成了"两脚书橱"了。

我们读《大学》，第一句话就是"大学之道，在明明德"。在理解这句话上，最大的问题就是那个"德"字。什么叫作"德"？一般人说就是品德修养，就是道德，就是德行，其实不完全是这样。

德，最起码有两层意思，一个叫作德行，另一个叫作德政。德行是什么？是你自己修行的成果；而德政是你的德行推而广之，是有益于人民的政治措施和政绩。一个内圣一个外王，这样才叫一阴一阳。

一个人品德修养好不好，我们真的不知道，看不出来，必须要从他的所作所为、所言所行等具体方面才感受得到。因此"在明明德"我们要把它解释成，一个人要不断地修改自己。人一生下来，都会有个别差异，就是多多少少会有一些缺点，我们这一辈子的修行，就是要把这些缺点改正过来。

"明明德"告诉我们，在没有发达以前，只能修治自己的品性，那是准备有一天发达了，有机会了，就可以表现出来，产生良好的施政效果，这样才有意义。

人应该是这样的，要准备好了才去服务，而不是要求或请求别人给予机会。现在有的人喜欢讲"请给我一个服务的机会"，其实这句话我是非常不赞成的。有些人他不帮你忙还好，一帮，净是帮倒忙。你端一杯茶，本来端得好好的，他说"我来我来"，结果慌慌张张地去抢，那个潜台词就是"我给你摔了"。你拿一个皮包，本来轻轻的，拿好了，他非要帮你拿，最后却不晓得到哪里去了。

一个人做事之前，先问自己准备好了没有，如果没有准备好，就不要去做。其实这是全世界都在讲的，现在我们讲英文，大家反而很熟：Are you ready？不知道 Are you ready 是什么用意，只会嘴巴讲有什么用？Are you ready？你真的准备好了吗？好像还没有……

我举这个例子就是想让大家了解到，我们很多事情仅止于嘴巴，这是很糟糕的事情。一定要特别注意！

所以我建议大家，只问耕耘，不问收获，先从应该做的事情做起，直到有一天老天爷看上你！

谨守本分，更容易避祸得福

> 福祸操之在己，谨守本分的人，更容易得福避祸。

我们常说一句话，"福祸无门，唯人自召"。祸福原本无门，是祸是福，说起来都是人自己搞出来的，可惜有些人不肯承认，总以为福是自己求来的，而祸是别人陷害的，是别人要嫁祸于我，不是我想要的。不错，自古以来，人类追求幸福唯恐不及，躲避灾祸唯恐不周，哪里有自求灾祸的？因而把祸害的责任推给别人，以求自慰。

其实祸福的降临，并无固定的时间和地点，也没有特定的对象，不像有意设定，要加害某人的样子。是祸是福，完全看个人的行为而定。可见操之在我，与他人并无关联。

既然福祸操之在己，那怎样才能得福避祸，成为福报满满的人？主要的关键点就在于谨守本分，也就是守分。

胡雪岩一路走来都非常顺利，可是最后却栽了一个大跟头，一个很重要的原因就在于他未能谨守本分。

胡雪岩的母亲有一句话经常挂在嘴边："儿子啊！你不要老想着赚钱，你要想一想，赚这么多钱干什么？"凭良心讲，这种话只有他母亲才能讲得出来，别人不可能去提醒他。

可是，胡雪岩却总是说："娘，您放心，不会怎么样的。"因为他自信地认为，只要自己不背信弃义，不伤天害理，多赚些钱只有好处没有坏处。道理似乎是没有错，胡雪岩那时所坚守的信义和天理，现在的某些商人都比不上他。但是胡雪岩还是败在了这句他听了几十年都没有听懂的话上。

钱是什么？钱是老天爷来考验我们的第一关，叫作钱关。很多人一辈子连钱关都过不去，这是很悲哀的事情。因为赚钱绝对不是目的，钱只是人做事的工具。

一个人一旦把赚钱当作目的，则迟早会败在钱上。一个有智慧的人，不会一味地赚钱，不会为富不仁，他会想自己赚钱是为了什么。如果是要改变自己的生活，进而帮助需要帮助的人，这样才不会过不了钱关，栽倒在钱上面。

胡雪岩也没有听明白父亲临终时对他讲的话。虽然父亲在他12岁的时候就死了，但他父亲讲了一句很重要的话：将来能够把家运振兴起来的大概只有你了。胡雪岩从中听出了父亲的期盼，却没有明白更深一层的含义。什么含义？就是说要安分守己，不要太过分。胡雪岩没有听出这层深意，他冲得太厉害了。

在事业初创阶段，不到一年的时间里，胡雪岩和结拜兄弟王有龄就创下了让世人瞩目的局面，王有龄当时就很实在地跟他讲："我的心里头实在有一些恐惧，有一些害怕，因为我们太顺利了。"然后王有龄讲了一句话，福兮祸之所依。其实也是在提醒胡雪岩，在最顺利的时候更应该谨慎和小心。

胡雪岩当时没有听进去，他反而觉得王有龄不够沉着。其实王有龄的担心不无道理，当事情进展太顺利的时候，大家更要格外小心。

现在看来，胡雪岩似乎最终也没有真正听明白王有龄的这句话。他只顾着向前冲，却没有静下心来仔细想想自己一路走来有什么不妥。

有的人没钱的时候，能够安分守己，一旦有了钱，就很大胆地去冒险，结果却丢了性命。胡雪岩的老板把财产交给他的时候也曾告诉他要谨慎小心，不要像晋朝的石崇那样因为钱财太多而把自己害死。当局者迷，旁观者清，大家都明白这个道理，不断地提醒他要小心，可是胡雪岩一直没有足够重视这一点，还是很不幸地掉入了这个陷阱。

当胡雪岩越来越顺的时候，他的胆子也越来越大，更没有前思后想。这样，阴阳的平衡就失调了。一个平衡的人，在自己得到很多好处的时候，应该想到已经有了很多坏处；在自己过生日的时候，也要想想自己的生命又少了一年。就是这么简单的道理，一点儿都不高深。

我们很懂得阴阳，但是在平衡方面却很少给予关注。作为一个中国人千万要记住，平衡非常重要。其实我们中华文明整个的学问就是要讲究平衡，体内要平衡，外面要平衡，人际关系要平衡，所作所为也都要平衡。如果不平衡了，就要想办法把它调整平衡。人生在不同的阶段会有不同的平衡要求，需要你适时调整。但是胡雪岩在最关键的阶段却没有主动调整，反而就这样一路闯下去，闯到发现前面是万丈悬崖的时候，任何人都已经回天乏术了。

左宗棠一而再、再而三地告诉胡雪岩：就算不为功名，也要多读点儿书。遗憾的是，胡雪岩没有听进去。左宗棠对胡雪岩很依赖，很赏识，也非常感谢。基于这三种心理，左宗棠像长辈教育晚辈一样教导胡雪岩。这种教导，贯穿于他们交往的整个过程。因为中国人读书和西方人读书不一样，西方人读书是为了求知识，中国人却不全是。中国人认为，与知识相比，道理更重要。很多中国人认为，读书最重要的是为了明白道理。

左宗棠很清楚读书明理的道理，所以他多次提醒胡雪岩，但胡雪岩没有领会到这一点，导致后来有些道理他根本想不通。

什么叫本分？"分"用今天的话来说，就叫定位。每个人先把自己的位定好了，就知道自己应该守什么样的分。李鸿章跟外国人讲过一句话，我们要好好去体会。他说："我们中国人比你们西方人更讲究身份地位。"这句话被误解了，以为是说中国人爱摆架子，喜欢给人家难堪。其实不是，而是说职位越高的人，越要自重，别人可以讲的话，自己不能讲，别人可以做的事情，自己不能做。

这是学谁？学孔老夫子！孔子曾经说："丘也幸，苟有过，人必知之。"同样的事情别人做，人家不会骂，但如果是孔子做的，就一定会挨骂，但是他认了，他并没有抱怨，反而说"丘也幸，苟有过，人必知之"。意思是我孔丘很幸运，只要犯一点点过错，全天下的人都知道，所以我更要自重，更要谨慎处事，更不可以乱来。可见，这是相对的。

人，要么做普通人，拥有更大的自由，爱怎么讲就怎么讲，反正没有人听。但当你有了一定的身份地位以后，你讲的每一句话都会影响其他人，你所做的任何一个动作，人家都会认真观察。

换句话说，你的地位越高，大家就会用更高规格的要求来对待你，你一定要接受，不能抱怨。因为我们尊师重道，所以我们对老师的言行，要求是非常高的。

如何定位呢？至少需要思考下面三件事。

第一，知道自己应该做什么。

现在大部分人都不知道自己应该做什么。比如，在我们平时的生活中，作为儿子，回到家后应该先问父亲："爸爸，您有没有什么事？没有事的话我可以去做作业了吗？"这就是孝。客人来到家里，说"你跟我走吧"，作为儿子，一定要先问父母。没有问父母就跟人家走，说明你心里根本没有父母的存在。其实像这些才是做人的根本，否则有多大学问都没有用。把位置定好，就会做什么像什么。

第二，知道怎么样守位。

守位就是守分。比如我们中国人一坐上桌子吃饭，孩子敢不敢拿起筷子就夹东西吃？大概不敢，一定要等大家坐齐了才动。那孩子怎么知道有没有坐齐呢？做妈妈的一般都这样教孩子："你坐在这里，不要夹，妈妈会给你夹的。"妈妈为什么要给他夹？就是怕他弄得"天下大乱"。这就是为什么孩子做不好，我们都指责妈妈的道理。有些妈妈老觉得自己很冤枉，但是孩子不懂事，就是妈妈没有教好。记住，妈妈是孩子一生当中的第一位老师，知道自己应该做什么，就要把分内的工作做好。

第三，不断改善，越做越好。

举个例子，比如你刚刚入职一家新公司，首先要问清楚自己该做什么事。最好先列一张工作表，然后一条一条去看自己该怎么把它做好。每隔一段时间，拿出来检讨检讨自己都做了没有，有没有什么没有做的。这样，你就会变得更好。如果一进公司就装老大，什么都内行，恐怕不到三天就跟所有人都翻脸了。这就叫不守分，不守位，不知道位是什么。

人生就给我们那么多时间，怎么去求上进，走到应有的位置，是每一个人都要做的功课。可是这当中，你到底是利用这个时间做好事还是做坏事，是奉献还是完全只进不出，这里面会有很多变化。当然，不同的选择也有不同的后果，是福是祸，都将由你自己承担。

守好本分，要知大小、明先后。推而广之，每个人都有每个人要守的分。作为父母，要守什么样的分；作为子女，要守什么样的分；作为员工，要守什么样的分；作为社会的一员，要守什么样的分。

一个人守分，就知道有规矩要守，就不敢胡作非为，进而避免很多祸患。现在，越来越多的人不知道自己的"分"是什么。

老子提出"不敢为天下先"，孔子也诅咒"始作俑者，其无后乎"，便是对不守分的人做出的非常严重的警告。现在有些人以为一切都不一定，世界多变，因而主张求新求变，导致变到乱掉根本，做出不守本分的乱变。只知变，不知常，以至妄作凶。

这些轻举妄动的行为，不仅让自己陷入不停的祸患中，还严重扰乱了宇宙万物自然变化的常则。

生活原本应该简朴单纯，才有助于返璞归真，但是现在的人往往贪得无厌，无所忌惮，以求新求变来驱动妄念，使得变化越来越多，速度也越来越快，而离自己的"分"越来越远。

要知道，本分更深层的含义，正是我们自己累世以来，自作自受的成果。人，都是自己做出来的，人人不同，也各有各的目标，各有各的使命。本分，也是此生所为何来的任务。如果不能尽力做好分内工作，就不应该逾越本分，做分外的事，获得分外的名利、钱财，这也是制造祸害的主要因素！谨守本分就是信守自作自受的公正法则，不守本分也将基于自作自受的规律，造成来生更多的孽，而更加害苦了自己。

《易经》告诉我们，不可不变，不可乱变。不可不变，因为不变也不是本分。不可乱变，因为乱变更违背本分。人生的任务是在改变自己，这也是求变，但是千万不要乱变，以免这一生越修越偏差，甚至于把原先带来的一些优点都丢掉了。

所以，有原则的变动，才是真正的谨守本分。

人生就是自作自受，每一个人的祸福也是自作自受的表现结果。

而谨守本分的人，认认真真做人，脚踏实地工作，不偷奸耍滑，不坑蒙拐骗，不欺不诈，不妒不媚，上不愧天，下不愧地，堂堂正正，坦坦荡荡，自然能够避祸趋福，获得越来越多的福报。

正所谓，自作自受，自求多福！

求得好死，才没白活一回

> 人活着就是为了将来有一天能够心安理得求得好死，顺顺利利回到老家，所以了悟生死十分重要。

人生在世，经历各不相同，却无一例外地殊途同归，走向死亡。

"生"是我们共同的起点，"死"则是同样的结局。人有个别差异，"生"和"死"却是一致的：有生必有死。生死是我们共同的课题，谁也逃避不了。

左宗棠败落之后，胡雪岩也受到了牵连，被革职抄家。胡雪岩顷刻间一无所有，倾家荡产，面对身后繁多的债务及家中众多的老小，他没有选择逃避或留下身后残局自杀。胡雪岩平静地面对这场突如其来的打击，依然有条不紊地冷静处理着这一大摊子的残局，安顿家人，处理胡庆余堂的事务。

这些事务处理完了以后，胡雪岩清楚地意识到，该轮到自己了，因为他知道，自己来日无多，是安排后事的时候了。

中国人发达以后，一定会想到自己的祖先，所以胡雪岩也曾经把他的祖父、祖母迁葬在风水好的地方。作为一个炎黄子孙，当你发达以后，一定会先看看祖坟好不好，如果祖坟不好就想修一修或迁一迁，这是中国人的常情。

胡雪岩迁祖坟的时候，正是他事业的顶峰。所以，他也给自己买了很大一片寿地。人死了埋进去叫坟地，人活着就先买下来叫寿地。这块寿地的面积很大，风水也很好，整个格局当时都是请高人指点过的，但是有什么用呢？在最后这种凄惨的情况之下，胡雪岩敢把自己葬在原定的地方吗？不敢！因为他知道，自己已经没有这个福分了。如果胡雪岩葬在那里，很快就会被挖出来。那么，多年辛苦挣来的钱存到钱庄里，钱庄却倒闭了，怎么能甘心呢？所以，肯定会有人要不顾一切地挖胡雪岩的坟。胡雪岩想到了这些，他交代自己死了以后一切从简。

左宗棠死后，慈禧太后面对各方的压力，在无数道奏折的请求下，下旨命浙江巡抚把胡雪岩抓起来，准备抄斩。幸好当时的官府还是有些体谅胡雪岩，传递公文的速度慢了些，等公文传到杭州时，胡雪岩已经先一天过世了。

1885年11月的一天，胡雪岩走完了他62年的人生历程。胡雪岩59岁时出事，又辛辛苦苦支撑了两年，刚刚把残局收拾得差不多的时候，就撒手西去了。如果当时公文早一天到，胡雪岩就要死在狱中了。这看起来平常的一天，也许就是老天对胡雪岩的补偿。案子因为胡雪岩的去世而不得不销案了。

关于胡雪岩的身后事，还有一段很有趣的传说。

胡雪岩临终前告诉家人，说自己死后的第三天，门外会有一个戴着铁帽子的人，他嘱咐家人一定要把那个人请进来，剪一块寿衣给他。家人听了觉得很奇怪。

胡雪岩死后第三天，门外果然来了一个戴铁帽子的人，家人想起胡雪岩的话，赶快把戴铁帽子的人请进门来，并按照胡雪岩的交代，从寿衣上剪下一块交给戴铁帽子的人。那个人拿了那块寿衣布，什么也不说就走了。

这个人是谁？是专门盗墓的人。盗墓是自古以来就有的一个行业。他们的情报很灵光，哪个富翁要出殡了，埋葬在什么地方，陪葬有什么东西，这些盗墓的人都会来探路。探听清楚后，他们就准备去盗墓了，盗墓的人就是靠挖陪葬的财宝赚钱的。在胡雪岩这个曾经的红顶商人要出殡的时候，这些盗墓的人肯定会来探听情况，他们猜想胡雪岩再怎么样也会为自己藏下不少珍宝。然而，出乎他们意料的是，胡雪岩这个不折不扣的"杭铁头"，来去竟然如此干净，就连寿衣都跟纸片一样薄，所以盗墓者觉得没什么值钱的东西，只好灰溜溜地走了。

胡雪岩从一无所有到富可敌国，最后一败涂地，又回归了原点。我们不禁想问一个问题，如果事先知道自己这辈子会从一无所有到高峰，然后又回到一无所有，你有什么想法？会不会觉得自己白活了，很后悔？胡雪岩倒是讲过一句话，他说自己几十年的所得，到最后几乎是一场空，但是没有什么后悔的。我们应该明白，就算到最后是一无所有，但是该做的事情还是要做，因为对每个人来说，任何一段经历都是很宝贵的财富。

虽然胡雪岩所拥有的万贯家产在他生前就已经没有了，但是胡雪岩为社会、为国家所做的贡献就是他所得到的。100 多年以后我们还在讲他的事情，这就是胡雪岩的所得。

从这个角度来说，胡雪岩也算是求得好死。

生死是人生最大的事情，我们一生要做的其实就是三个字，叫作了生死。如果能了自己的生死，那你这辈子就没有白活。如果你连自己的生死都了不了，有钱又怎么样，做大官又怎么样，社会地位高又怎么样，那都是空的。

人活着就是为了将来有一天能够心安理得求得好死，顺顺利利回到老家，所以了悟生死十分重要。那么，怎样了生死呢？

我们提出的三个公式，相信各位都能一目了然，因为只要有一些数学基础，就没有看不懂的。大道至简，生死之道也并不例外。

第一个公式："生＝死"。

"生"怎么能够等于"死"呢？

虽然说"生死一瞬间"，或者"生死一线间"，但毕竟"生"就是"生"，"死"还是"死"，怎么可能"生"等于"死"呢？

中华文化以"生生"为主轴。"生"是"有躯体的生"，而"死"却是"没有躯体的生"。"生"和"死"的本质都是"生"，"有躯体"和"没有躯体"，可以说是"一阴一阳"的现象不同罢了。

孔子说"未知生，焉知死"，似乎在提醒我们，"倘若明白生，也就能够明白死"。两者所共同需要的，便是"活在他人心中"。所以，炎黄子孙的"永生"，既不依凭宗教，也不依赖药物，我们以"立功、立言、立德"来获得永生，称为"三不朽"。

那就是精神不死，长久存在于众人心中。孔子做到了，老子也做到了。孔老两大圣人，并没有宗教信仰，也不追求炼丹寻药，只要华夏子孙永远记住二老，孔老便永生了。他们证明"生＝死"，能够以身作则，具有实际的成效。

更加了不起的是，孔老两位圣人都没有"唯我独尊、高高在上"，没有和大众明显划出不可跨越的双黄线。"我欲仁，斯仁至矣！"人人都可以向孔子学习，也有成为孔子的希望。只要"尊道贵德"，人人都可以向老子学习，也拥有成为老子的机会。

换句话说，只要我们立定志向、坚定信心、持续向上，想要做到"生＝死"，都是可能的。由此看来，众生平等在这种状态中，确实存在。

我们要觉悟"自天子以至于庶人，壹是皆以修身为本"，这是"生"时的共同认识。我们还要更深层次地推出："死"时也不能忘记修身，就算没有具体的身，也不能连"修"都忘掉了！

于是，我们推出了第二个公式，那就是"生＞死"。

虽然"生"和"死"固然是相等的，都建立在修己的基础上，但是这个"己"，不免有"有躯体可以协力"和"没有手脚可以运用"的区别。

我们把"有躯体可以协力"的状态称为"人"，而将"没有手脚可以运用"的状态称为"神"或"鬼"。

人类若是缺乏思想家，势必丧失方向感，颠来倒去。于是什么家都失去依据，各是其是，也各非其非，当然四分五裂。美其名为"多元化"，实际上却是"混杂化"。

下一代不知如何承接，上一代也不知怎样传授。一旦传承出了问题，原本绵延不断的中华文化，就会如同其他古文化一样，在我们这一代断掉了，再也传不下去了！

我们必须尽早推出第三个公式，也就是"生＜死"。

上天有好生之德，真正用意是：有觉悟的人，可透过"杠杆作用"，以"生＞死"的功能，来提高自己的品德修养，产生"生＜死"的效果。

"生"在这里，表示有生之年的"一时"；而"死"在这个公式中，则代表没有躯体的更长期间，也就是我们所说的"千秋"。

不争一时争千秋，不就是"生＜死"的具体成果吗？孔子那一生，不过短短七十几年，死后却千古流芳，成为万世师表，果然是"生＜死"。

同样的父母，为什么生出来的子女，其成就未必相同？因为后天的环境和教养即使一致，先天的资质却不一定相等。我们一方面说"众生平等"，一方面又说"人比人气死人"。可见机会平等、努力平等，而先天带来的无形因素，却难以平等。先天就是我们常说的"上辈子带来的"，可见也是自己努力的成果，并非上天凭空给予的。一切靠自己，才最为牢靠。

一切靠自己，首先要做个明白人。明白什么？明白生死转化的道德，真正地"了生死"。同时，还要即知即行，以免"知道知道却做不到"，流于空言，等于不知道。

天下间有很多事情，是"知难行易"；却也有一些事情，真的是"知易行难"。这样，才合乎"一阴一阳之谓道"。

很多人不知道什么叫作"修身"，也分不清"修养""修行"和"修道"之间，有什么关系。一听到"修"，便想到宗教。要谈"了生死"，真是不容易。

道不远人，可以说道一辈子都不会离开我们。可惜我们大多只看到身体，却不知道可贵与可亲。殊不知，这就是人类社会越来越纷乱，各种问题越来越难以化解的根本原因。

我们必须静下心来，把原本"知易行难"的"了生死"，转化为"知难行易"，以利有效地自我提升品德修养，化"生＞死"为"生＜死"，生无忧而死无惧，恒久地达成"生＝死"的自由自在。